はじめての体育

齋藤直人 著

東洋館出版社

はじめに

　まずは、"体育"の本を手に取っていただき、ありがとうございます。

　たくさんの教科がある中で、体育に興味・関心をもっていただき、これを読んでいただいていることに、体育の授業が好きな教師の一人として素直に嬉しいです。心より感謝いたします。

　さて、本書は「はじめて」シリーズの中の一冊！　ここだけはおさえておきたい授業の基礎・基本を書かせていただきました。皆様が本書を読んで「自分にもできそうだ」「それならやってみようかな」と思っていただき、体育の授業に少しでも前向きになってもらうために必死で書きました。これは、体育が好きな教師、体育を研究する教師にとって、非常に重要な視点であり、ある種の使命感をもって書きました。

　その上で、私なりにテーマを設定しました。それは、「**再現性**」です。

　体育科の運動領域には教科書がありません。なので、何を、どのように学習させるかの自由度が高い教科であり、授業の一つだと捉えています。もちろん、学習指導要領を受けた上で。ただ、この"自由度"に頭を悩ませている先生方もいるのではないでしょうか。教科書や指導書がないので、教える内容はあるけれど、具体的な教え方や授業の進め方については不安のある先生方も多いはずです。多忙を極める中で、情報を集めて授業を構想したり、自分の経験を拠り所に授業の進め方を工夫したりしながらも、「本当にこれでいいのかな。」と立ち止まることもあるかもしれません。他教科の教科書のように再現しようと思うものが体育には少ないのです。

　もちろん、体育授業が好きな先生・得意な先生・研究をしてきた先生は、それぞれの方法で授業に向かうことに賛成です。その方法は多種多様で良いと思います。正解は子どもたちの姿にあるので。

　ただ、体育に関する専門的な知識や準備がなければ、体育授業を充実さ

せることができないわけではないと思います。体育授業に苦手意識をもっている先生、指導経験が少ない先生も含めた多くの先生が「**子どもたちに力がつく体育授業**」を展開できるような土壌をつくることが何よりも重要だと考えています。子どもの「体育嫌い」を減らすには、先生たちの「体育の授業が苦手」を減らすことも大切なのです。

そのための授業づくりは、いろいろな工夫をしていく「足し算の美学」よりも、ここだけは大事にして残していく「**引き算の美学**」を意識しました。いろいろと工夫されたものを再現するのは難しいことです。けれども、引き算をして「これでいいんだ」「これならできそうだ」と感じられるものであれば再現していただけるのでないかと考えました。再現性のある授業は教師にとっても、子どもにとっても価値のあるものだと感じています。本書に書かれている内容は、きっと先生方にも再現することができ、力をつけていく子どもたちの姿に出会えるはずです。騙されたと思って、まずは真似をしてみてください。もちろん、騙すつもりはありませんが。

はじめにの最後に。カナダの精神科医、エリック・バーン氏の名言で、【**他人と過去は変えられないが、自分と未来は変えられる**】という言葉があります。授業を通して、子どもが変わっていかないことにジレンマを感じることがあるかもしれません。けれども、この言葉にあるように、教師が変わることで、そこに関わる子どもたちが変わっていく可能性はあるように思えます。そう信じて私たちは子どもたちと向き合い、授業と向き合うことが充実した毎日につながっていくのではないでしょうか。

本書が子どもとの授業を愉しく、幸せなものにするために自分を変えようとする先生方のお手伝いができる一冊になることを願っています。

筑波大学附属小学校　齋藤直人

Contents

はじめに 2

第 1 章　体育の教科特性

1　体育って、どんな教科？ 8
2　体育で育てたい子ども 10
3　学習指導要領（解説）を見てみよう！ 12
4　低学年のポイント 14
5　中学年のポイント 16
6　高学年のポイント 18

第 2 章　体育の授業準備

1　目指したい授業を思い描こう 22
2　授業の準備はどうやってするの？ 24
3　教材研究はどう行えばいい？ 26
4　単元全体の流れを考えよう① 28
5　単元全体の流れを考えよう② 30
6　1時間の流れを考えよう 32

Column　授業をセルフチェック 34

第 3 章　体育の授業づくり

1　体つくり運動の授業づくり 36
2　体つくり運動の教材例① 38
3　体つくり運動の教材例② 40
4　体つくり運動の教材例③ 42
5　マット運動の授業づくり 44
6　マット運動の教材例① 46
7　マット運動の教材例② 48
8　マット運動の教材例③ 50

9	鉄棒運動の授業づくり	52
10	鉄棒運動の教材例①	54
11	鉄棒運動の教材例②	56
12	跳び箱運動の授業づくり	58
13	跳び箱運動の教材例①	60
14	跳び箱運動の教材例②	62
15	跳び箱運動の教材例③	64
16	陸上運動の授業づくり	66
17	陸上運動の教材例①	68
18	陸上運動の教材例②	70
19	水泳運動の授業づくり	72
20	水泳運動の教材例①	74
21	水泳運動の教材例②	76
22	水泳運動の教材例③	78
23	水泳運動の教材例④	80
24	ボール運動の授業づくり	82
25	ボール運動の教材例①	84
26	ボール運動の教材例②	86
27	ボール運動の教材例③	88
28	表現運動／保健の授業づくり	90

Column 体育授業における教師の"三種の神器" … 92

第4章 体育の指導技術

1	子どもの想いを大切にした授業とは	94
2	安全に留意しよう	96
3	声かけを工夫しよう	98
4	体育の班編制	100
5	ノートを使って学びを残す	102

第 5 章　体育の学習評価

1　学習評価は何のために行うの? ———————— 106

2　「評価規準」って何? ———————————— 108

3　「指導に生かす評価」と「記録に残す評価」はどう違う? —— 110

4　「知識・技能」の実際 ———————————— 112

5　「思考・判断・表現」の実際 ————————— 114

6　「主体的に学習に取り組む態度」の実際 ———— 116

第 6 章　Q&A

Q1　準備運動には何をすればいいですか? ————— 120

Q2　教師はどこに立ち、何を見ますか? ————— 121

Q3　技能差にはどう向き合えばいいの? ————— 122

Q4　おすすめの教具はありますか? ——————— 124

おわりに —————————————————— 126

引用・参考文献

平川譲『体育授業に大切な3つの力』東洋館出版社
髙橋健夫 他『新版　体育科教育学入門』大修館書店
齋藤直人『対話でつなぐ体育授業51』東洋館出版社

第 1 章
体育の教科特性

1 体育って、どんな教科?

1 ChatGPTに尋ねてみると……
2 あえてツッコミを入れてみる……
3 私の考える体育

1 ChatGPTに尋ねてみると……

「小学校の体育ってどんな教科?」と私のスマートフォンのChatGPTのアプリで調べてみました。

すると、ほんの数秒で、「小学校の体育は、子どもの身体や心の健やかな成長を支えるために、**体を動かす楽しさ**を教えながら、基礎的な運動能力や健康的な生活習慣を育む教科です」と明確に答えてくれます。その下には、小学校体育の特徴と内容が整理されて表示されていました。そして、後半には、小学校体育の目的として「**体を動かす楽しさや心地よさを感じること**」「基本的な運動能力や体力を身につけ、健康的な生活の基盤をつくる」「ルールやマナーを守り、他者と協力する力や思いやりの心を育てる」とまとめられていました。結びには「特に小学校では、『できる・できない』よりも、『楽しみながら体を動かすこと』が重視され、子どもたちが自信を持って成長できるように工夫された教科です」と書かれていました。きっと、何度も尋ねたり、質問の表現が違ったりすれば回答は変わってくるはずですが。

2 あえてツッコミを入れてみる……

さすが、ChatGPT!と言いたいところですが、それでは本書の意味がありませんし、私が書く意味もありません。1年間に1年生から6年生までのほぼすべての学年の授業を受けもつことを10年以上続けてきた自負があります。

実際の子どもたちの体育の授業の姿を考えると、体を動かす楽しさは大切で

すが、「できる・できない」よりも「楽しみながら体を動かすこと」を**重視しすぎて**はいけないのではないかと考えています。また、楽しいだけでは、「自信をもって成長できる」ことにつながっていくかは何とも言えないところです。

3 私の考える体育

では、体育とはどんな教科なのか。それは、
「**体の基礎的・基本的な動き（運動感覚・技能）を身に付け、高める教科**」と言っていいのではないかと考えています。「『**動ける体』を育てる教科**」とも言えるかもしれません。

もちろん、学習指導要領解説に目を向ければ、もっとたくさんのことが書かれており、上記のことだけではないのも事実です。

しかし、これは体育の『不易』な部分だと思いますし、体育の教科の本質であり、体育でしか学べないことです。体育を教科として捉えたときに、シンプルに「動ける体」を育てることを目指すのは自然なことなのではないでしょうか。自分の体を思うように動かすことができ、できないことが少しでもできるようになり、変わる自分に出会うからこそ、「体を動かす楽しさ」を実感し、その経験が「自信」につながっていくのです。

また、体育授業の楽しさであり、身に付けさせたいのは、
①運動やスポーツが、「できること」
②運動やスポーツが、「わかること」
③運動やスポーツを通して、「なかよくすること」
と捉えています。体育は授業を通して、このようなことを身に付けさせる教科なのです。

そして、体育の小学校体育の授業は右の図のようなイメージをもつことが大切だと考えています。「する・できる」の充実を目指し、友だち同士が動きを「みる」こと、友だち同士が「支える」こと、運動のポイントを「知る」ことを学んでいきます。一人ではできない素敵な経験を積むことのできる教科が体育なのです。

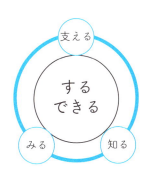

2 体育で育てたい子ども

1 運動を"すること"を楽しむ子ども
2 運動について"考えること"を楽しむ子ども
3 運動を通じて、
　仲間と"かかわること"を楽しむ子ども

　体育で育てたい子どもの姿は、授業者によって多様であると思います。それは、小学校では体育だけで子どもたちを育てているのではなく、すべての教育活動を通じて、子どもたちを人間である教師が育てています。なので、違いがあって当然です。読者の方の中にも、これから述べることと全く同じという方はいないと思います。それでいいのです。
　あくまでも、体育の教科の特性を踏まえての子どもをイメージしています。もちろん、このような姿にならなければダメということではありません。けれども、「こんな姿があるといいな」という姿をイメージすると、子どもたちを見取りやすくなります。

1 運動を"すること"を楽しむ子ども

　まずは、運動をすることを楽しむ子どもを育てたいと考えています。「運動をすること」自体は、教師が指示を出せば現れる姿だと思います。しかし、「することを楽しむこと」は授業のちょっとした工夫や教師の働きかけが必要になってきます。
　「楽しむ」と「楽しめない」の間には「できる・できない」が深く関係しています。体育授業を通じて「できた・できる・手伝ってもらったらできた・できそう・できるかも・今はできない」と運動の達成度や到達度に幅をもたせることが大切です。「できる・できない」の二者択一ではなく、多様な姿を保証することで、運動をすることを楽しめる子が増えていくのです。

そのためには、系統的なカリキュラムで授業を展開し、小さな成功体験を繰り返していく必要があります。全員が「できること・できそうなこと」から取り組ませ、スタートラインに全員が立てるようにします。「これなら、できる！」という自信がその後の意欲を生み出します。そこから、小さなステップと運動のつながりを意識して運動に取り組ませます。常に「できた　⇔　できそう・できるかも」が連続するような授業であれば、自分なりに自信をもって運動をすることを楽しめるはずです。技能差があるのは事実です。まずは、全員を同じ学びのフィールドに乗せ、お互いの違いを認めながら、学びを進めていくことが、育てたい子どもの姿を生み出すことにつながります。

2 運動について"考えること"を楽しむ子ども

　運動を"すること"を楽しむ中で、「もっと記録を伸ばしたい」「もっと上手になりたい」という思いが芽生えたときに現れてほしい姿が"考えること"を楽しむ姿です。目的もなく運動について考えるのは難しいことです。取り組んでいる運動が自分事になったときに、仲間の運動する姿や仲間のアドバイスをもとに、どうしたら「よりよい自分」「よりよい仲間」になれるのかを考えることを楽しんでほしいと考えています。

　そのためには、学級全体で共通の課題に取り組むことが大切です。完成度や精度に違いがあっても共通の運動に取り組むことで、お互いの運動が他人事にならず、協働的に考えやすくなります。そのような状況であれば、運動について考えたり、考えたことを伝え合ったりする姿が自然と生まれてくるのです。

3 運動を通じて、仲間と"かかわること"を楽しむ子ども

　これは、学校で体育の授業をすることの大きな意味の一つです。運動の技能差はありますが、それを踏まえて、お互いがかかわりながら学習を進めることに意味があるのです。アドバイスをし合ったり、お手伝いをしたり、励まし合ったり、作戦を出し合ったり、一人ではできない"かかわり"を楽しめる子どもの姿が生まれるような授業を展開していきたいと思っています。そうすることで、自分の伸びはもちろん、仲間の伸びや変化を一緒に喜ぶ姿が生まれます。

　心が動く瞬間がたくさんあるのが体育の授業の魅力の一つです。

学習指導要領(解説)を見てみよう!

1 教科の目標を見てみよう
2 あくまでも[例示]です
3 選び方にも注意!

　正式名称は「小学校学習指導要領解説：体育編」です。私は学級担任でもありますが、体育の専科教員でもあるので、開く機会が多いのですが、皆さんは日々の仕事の中で目を通す機会はそれほど多くはないと思います。しかし、教科書がない（保健領域の教科書はありますが）体育では、この学習指導要領解説を見て、授業を考える方もいると思います。
　そこでその見方について述べていきたいと思います。

1 教科の目標を見てみよう

　小学校の体育の教科目標は以下の通りです。

> 　体育や保健の見方・考え方を働かせ、課題を見付け、その解決に向けた学習過程を通して、心と体を一体として捉え、生涯にわたって心身の健康を保持増進し豊かなスポーツライフを実現するための資質・能力を次のとおり育成することを目指す。
> (1) その特性に応じた各種の運動の行い方及び身近な生活における健康・安全について理解するとともに、基本的な動きや技能を身に付けるようにする。
> (2) 運動や健康についての自己の課題を見付け、その解決に向けて思考し判断するとともに、他者に伝える力を養う。
> (3) 運動に親しむとともに健康の保持増進と体力の向上を目指し、楽しく明るい生活を営む態度を養う。

体育科の究極的な目標は、【生涯にわたって心身の健康を保持増進し豊かなスポーツライフを実現するための資質・能力を育成すること】です。つまり、極端に易しく言えば、「これからの人生の中で自分の健康に興味をもちながら、スポーツと仲良くするような人生を送れる子どもの素地を育てましょう」だと私は捉えています。

でも、これは小学校だけで達成する目標ではありません。まずは、小学校体育では「体の基礎的・基本的な動き（運動感覚・技能）を身に付け、高める」ことが、豊かなスポーツライフの第一歩だと考えています。

2 あくまでも〔例示〕です

パラパラとめくっていくと、目標および内容が低学年（1・2学年）・中学年（3・4学年）・高学年（5・6学年）と分けて、まとめられています。そして、それぞれの「知識及び技能」の中に、運動領域ごとに、さまざまな運動が **[例示]** されています。

この **[例示]** の捉え方が重要です。

第3学年及び第4学年のマット運動では、9つもの技が例示されています。発展技を含めると15の技になります。これを2年間ですべて網羅しようとしても難しすぎます。いや、他の運動領域もあるので、無理です。そうです。あくまでも **[例示]** なのです。その中から子どもたちの実態に応じて、適切に選んで授業を行えばいいのです。真面目な先生方ほど、例示されているものを少しでも多く扱おうとしてしまい、指導しきれなかったり、実態と合わなかったりしてしまうことがあります。

3 選び方にも注意！

〔例示〕から選ぶことと書きましたが、ここで気をつけたいのが、目の前の子どもたちの実態と系統性です。解説に書いてある学年だから、その技に取り組もうと思っても、それまでの経験値がなければ上手くいきません。学年を超えたつながりが重要になってきます。ステップアップだけではなく、ステップバックの考え方が必要です。本書では、運動領域ごとに6年間の運動の系統表を示しています。そちらも参考にしていただけると幸いです。

4 低学年のポイント

1 体育入門期！
　たくさんの「できた！」と出会わせる
2 教えることは教えて、考えさせる！
3 学び方を学ぶ時期である！

1 体育入門期！　たくさんの「できた！」と出会わせる

　小学校体育において、入門期である低学年の授業。
　この時期の体育授業の充実が、その後の小学校体育の授業を左右すると言っても過言ではありません。
　体重が比較的軽いだけでなく、体の大きさに対しての筋力が大きく、体育の授業の中で大きなケガが起こりにくい時期です。この体の動きを耕しやすい時期にこそ、さまざまな運動に取り組み、たくさんの「できた！」に出会わせたいと考えています。
　まずは、全員ができそうな運動から取り組むと良いでしょう。走る・両足ジャンプ・片足ケンケン・手足走り（クマ走り）などは、スピードや精度に違いがあっても、多くの子どもたちが取り組むことのできる運動です。このような運動を繰り返しながら、自信をもって運動に取り組める素地をつくっていきましょう。「できないこと」の繰り返しは辛いものですが、「できること」の繰り返しは前向きに取り組むことができ、経験値を高めていきます。
　そこから、似ている運動に取り組ませたり、少しだけ難しさを足したりしていきます。いきなりレベルアップするのではなく「できた⇔できそう・できるかも」と思いながら運動できるような「さじ加減」を意識しましょう。
　また、低学年なので完成形を目指す必要はありません。前転も、後転も、開脚とびも、逆上がりもできなくても問題ありません。その運動につながる運動を充実させることが重要です。

2 教えることは教えて、考えさせる!

この時期は多くの運動が初めて取り組むものです。子どもたちに委ねて、動きを発見させて、それを楽しむことに特化するような授業もありますが、6年間の体育授業を見据えたときに、私はそれを躊躇してしまいます。きちんと教えることは教えるべきだと考えています。それは、安全面を担保する面からも大切です。

どのように取り組むのかを教えて取り組ませることは悪いことではありません。やり方をきちんと理解することは、安心して何度も挑戦することにつながります。また、共通した理解があることは、仲間同士のかかわり合いを生み出すことにもつながります。お互いの動きを確認しながら取り組むだけでなく、方法について伝え合う場面も期待できます。

その上で、子どもをよいモデルとして、全員で運動を観察する場面を設定します。低学年のうちは、「ここをよく見てね!」と視点を絞って観察することを意識しましょう。また、教師がわざと上手くいっていない動きを見せて、モデルになった子と比較させることも有効です (できれば、で大丈夫です)。

教えることに躊躇せず、運動を見る目を育てる上でも「入門期」であると捉えましょう。

3 学び方を学ぶ時期である!

体育の授業の学び方を学ぶ時期でもあります。

まずは、上手くいかなくても挑戦することに対して、称賛をし、一生懸命に取り組む自分はもちろん、仲間に対しても肯定的になるような雰囲気を作りましょう。技能が目に見える教科だからこそ、安心してありのままの自分を出せる環境・関係が大切です。「うまくできなくてもOK!」と教師自身が言葉や表情で伝え続けましょう。

また、望ましい姿についても積極的に価値づけしていきましょう。最後まで諦めずに何度も挑戦する姿、仲間のことを応援する姿、お手伝いをしようとする姿、仲間の動きをよく観察する姿、勝敗を素直に認め前向きに取り組む姿など、即時的にフィードバックして、よい雰囲気の体育授業を子どもと一緒に作っていきましょう。「〇〇してはいけません!」よりも「〇〇をしようとしているって、素敵だね!」とプラスの言葉がけを意識しましょう。

5 中学年のポイント

1 ゴールデンエイジの始まり
2 低学年での経験や発見をつなぐ
3 ゲーム化をして個と集団を結びつける

1 ゴールデンエイジの始まり

　スキャモンの発育曲線をご存じでしょうか。これは、人の誕生から成人までの体の器官の発達を「一般型」「神経型」「生殖型」「リンパ型」の4つに分類し、グラフに示したものです。これによると、運動に関連が深い神経系の発達が中学年から高学年の時期に完成を迎え、体を動かすことを取得するのに適した時期と言われています。そのゴールデンエイジの始まりの時期にこそ、たくさんの運動に取り組ませ、基礎的な動きや感覚を豊かにし、体を動かす楽しさを実感させることが大切です。

　低学年で取り組んだ運動を組み合わせたり、少しだけ難易度を上げたりしながら、子どもたちの運動の「できる・できた！」の世界を広げていきます。例えば、1枚のマットの上で取り組んでいた前回りを、マットを何枚か重ねた状態で前回りをしていけば台上前転の前段階である「高さ転がり」になります。2人1組で取り組んでいた馬とびを、馬とびの馬を並べて二人分にして跳び越えれば跳び箱の縦の長さと同じ「二人馬とび」になります。

　ここでも、ある技が一人で「できた・できない」を重視しすぎないようにしましょう。「できた！」のハードルを下げたり、一人ではできないけれどお手伝いがあればできるというように「できた！」の幅を広げたりすることなども大切になります。他者への意識が芽生え始めるからこその配慮も重要です。

　どの運動領域でも運動の伸びを実感することができるので、領域のバランスに気を付けながら、さまざまな運動の「できた！」を経験させましょう。

2 低学年での経験や発見をつなぐ

　中学年で取り組む運動の多くを、低学年で取り組んだ運動の少しだけ発展させたものにしておくことをオススメします。

　運動技能や運動感覚は、小さな「できた！」の積み重ねです。それと同じように、運動の見る目は、「前に取り組んだことと似ている！」「たしか前はここに気をつけたから同じかもしれない！」と、これまでの経験や発見を想起させ、それらをつなぐことで理解しながら運動に取り組むことができます。教えることを少しだけ減らし、運動のポイントやコツを考えながら取り組ませるようにしましょう。自分自身の経験に基づく気付きであれば、知識と技能を結び付けやすく自分の運動に反映させやすいものです。

　また、このような経験は授業の中での仲間とのかかわり合いの質の向上にもつながります。自分が見たものを伝えるだけでなく、その動きからより良い動きになるための方法を経験から語ることができてくるのです。つまり、自分や仲間の運動を言語化しながら伝える活動が徐々にできるようになるのです。このような学び方は技能的な「できる・できた！」を目指す上で、非常に有効な手段の一つです。教師が具体的にアドバイスや指導をするだけでなく、仲間同士がより効果的に教え合う姿を育てる視点も大切です。

3 ゲーム化をして個と集団を結びつける

　小さな「できる・できた！」を保証することで授業に対するモチベーションを維持することができますが、集団で学ぶことの楽しさや有効性について実感させたい時期でもあります。

　そこで有効なのがゲーム化です。競争させたり、ジャンケンを取り入れたりして、子どもが楽しく繰り返したくなるような工夫をします。子どもとしては夢中になって取り組んでいる遊びの感覚ですが、教師としては繰り返しの中で基礎的な運動感覚が豊かに養わせることができるのです。集団として楽しんだ先に個の伸びがあることが大切なのです

　また、得点を競い合わせるのも有効です。競争は子どもたちの夢中や本気を引き出します。ただし、勝ち負けのウエイトが多くなりすぎないように、個人の得点やチームの得点を合計して、クラスの得点とする視点ももちましょう。

高学年のポイント

1 小学校の後半であるが、スポーツライフのゴールではない
2 運動を言語化することで学びが広がる
3 さまざまな姿を認める

1 小学校の後半であるが、スポーツライフのゴールではない

　低学年・中学年の体育を経験した上での、高学年の体育。

　小学校での体育の後半戦から終盤にかけての時期ではあるが、生涯にわたって豊かなスポーツライフを実現する視点に立てば、まだまだ始まったばかりで、ゴールではありません。

　なので、ここでも運動やスポーツの完成形を目指す意識をもつことは避けたいところです。

　器械運動系であれば、それまでの積み重ねによってはダイナミックな技に取り組むことも可能かもしれません。一方で、体の発育にも差が生まれ、その影響もあり、技能の差が広がりやすい時期でもあります。そういった場合に、取り組む技を子どもたちに選ばせることを「自己の能力に適した課題」と捉えて授業をするのは非常に危険です。取り組む技が多種になればなるほど、教師の指導や配慮する事項は増え、教師の目の届かない状況が起き、安全面が担保できない状況も生まれてしまいます。あくまでも「自己の能力に適した課題」は、同じ技・運動の中での完成度や美しさを追求させるようにしましょう。

　また、ボール運動などについても、そのもとになったスポーツに近づけるのは避けましょう。「本物」に近づけるではなくて、一番「面白い部分」に焦点を当てた授業づくりをしましょう。ゴール型は、攻撃数的有利の一方通行型（バスケの3on3のようなゲーム）でいいですし、ネット型は、レシーブではなくてキャッチにしてもいいと思います。ベースボール型はピッチャーがいなくても、ダ

イヤモンド型のベースでなくても構いません。なるべく全員に得点のチャンスがあるようなルールにして、自分のプレイが得点になる楽しさが味わえるようにしましょう。

そのような楽しさを存分に味わうためにも、それまでの低学年・中学年までの積み重ねがなくてはならないということも言えます。

2 運動を言語化することで学びが広がる

体育の授業の中での言語活動は目的ではなく手段だと考えています。

低学年から運動に対する見る目を意識していくと、自分の動きを客観的にとらえたり、仲間の動きを観察し自分なりの分析ができたりするようになってきます。そのことができるようになると、仲間との情報交換や自分自身の動きの修正がスムーズになります。また、音声言語で伝えるだけでなく、文字言語やイラストを使って書き残し、学びを豊かにすることができます。これらは、自分や仲間の運動をよりよくしたいと思った時の有効な手段となります。

「できない」が「できそう・できるかも」になったときに、子どもたちが自由に言語活動できるような構えが必要です。話し合いの時間を確保するというよりも、お互いに気がついたことをその場で伝え合うことを促していきます。必要感のあるかかわりこそが学びを豊かにし、「できるに向かう世界」を広げていくのです。

3 さまざまな姿を認める

「する・できる」を中心にした教科ですが、高学年になると、それだけを全面に出すことでマイナスに働くこともあります。「する・できる」に向かうことは大切にしながら、結果として思うようにいかない場合もあります。

その際には、知識・技能以外の面にも焦点を当て、しっかりと評価していくことが重要です。仲間への励ましやアドバイス、運動を分析する力、準備や後片付けに率先して取り組む姿勢など、運動学習へ向かう集団を支えている子どもの姿は、豊かな学習集団を形成していく上で欠かすことができません。

自分自身はもちろん、お互いの「よさ」に目を向け合うようになれば、きっと体育の授業はもっと楽しく豊かになるはずです。

第 2 章
体育の授業準備

1 目指したい授業を思い描こう

1 簡単・手軽・すぐできる
2 力がつく・成果が見える
3 楽しそう！ 楽しい！

1 簡単・手軽・すぐできる

　この文言だけ示すと、手を抜いているようなイメージをもつかもしれませんが、そういう意図ではありません。

　そもそも授業は、子どもたちにとっても、教師のとっても「日常の営み」です。1時間1時間の授業は大切なものですが、継続できなければ意味がありません。日々の積み重ねが可能な「簡単・手軽・すぐできる」授業を継続していくことが子どもの学びにとって重要なことなのです。

　いくら美味しいフレンチのコース料理でも、そのメニューを毎日考えて、それを毎日作ることは難しいことです。私には無理です。冷蔵庫の中にあるもので、チャチャッと準備した料理であれば、何とか毎日続けられます。「簡単・手軽・すぐできる」レトルト食品に頼っても、毎日継続して栄養を摂ることの方が大事なのと一緒です。

　目指そうとしている授業が「簡単・手軽・すぐできる」ものかどうか、体育の指導がちょっと苦手だと思う立場で「それならやってみようかな」と思えるかどうか。現実的で継続可能な授業をまずは目指しましょう。

2 力がつく・成果が見える

　ただし、「簡単・手軽・すぐできる」けれども、体を動かしただけでは授業とは言えません。よく言われる、「活動あって、学びなし」状態です。

なので、授業を通して、「力がつく・成果が見える」ことを大切にしています。だからといって、「クラスの中で逆上がりが〇〇人できた！」「跳び箱5段を跳べる子が〇〇人になった！」というような、一定のゴールに到達するような成果をねらうわけではありません。

「仲間にお手伝いをしてもらったら、逆上がりを体験できた」「跳び箱は怖いけど、同じ高さの馬とびなら自信をもって跳べるようになった」「前回の自分の記録を少しだけ更新できた」など、自分なりの伸びを実感できるような授業を目指しています。その小さな成功体験、自己肯定感がモチベーションを生み、前向きに体育授業と向き合う子どもを育てるのです。

3 楽しそう！ 楽しい！

「力がつく」「成果が見える」ということは、自分なりの伸びがあり、運動感覚や技能が身に付いたり、高まったりすることを意味しています。ただし、それが反復練習、トレーニング的なものでは、モチベーションは長続きしません。つまり、そこに「楽しさ」を加える必要があります。

楽しさの一つのポイントはゲーム性です。得点や記録で勝負する競争の要素、じゃんけんなどの偶発性の要素を取り入れて、「もう1回やりたい！」と子どもが夢中になって楽しみながら、運動を繰り返す中で感覚が高まっていることが理想の一つと言えます。

楽しさのもう一つのポイントは全員参加です。技能が仲間に公開される体育授業、そこに何の工夫もなければ、得意な子は楽しく高度なことを要求、苦手な子はネガティブになり学びから遠ざかっていきます。そのことを踏まえて、苦手な子が参加しているかを目指す授業のポイントにしています。特にボール運動のゲームは複雑にしがちなので、気になるあの子がしっかりと参加できるかをイメージする必要があります。

体育授業のことに興味をもてばもつほど、いろいろなものを盛り込みたくなり、運動の方法も学習の場も複雑にし、結果、ほんの一部の子にしか光が当たらない授業になっていまします。

「簡単・手軽・すぐできる」「力がつく・成果が見える」「楽しい」を意識し、大事な部分を残せる「引き算の美学」をもって、思い描きましょう。

2 授業の準備は どうやってするの?

1 教科書や指導書がないので困りますよね
2 記憶や経験で行うことも……
3 子どもの姿が道しるべに！

1 教科書や指導書がないので困りますよね

　私が初任者のころ、国語や算数の授業の準備は、となりのクラスの頼りになる先輩の先生の進度に少し遅れて、「今日はどんな授業をしたのですか？」「教科書は何ページまで進みましたか？」と毎日のように尋ねていたこともありました。そればかりでは迷惑をかけてしまうと思い、教科書や指導書を必死に読みながら授業の準備をしていました。

　ところが教科書や指導書がない体育の授業の準備には、さらに苦労をしていました。年間計画にいつ、どんな運動に取り組むのかは書いてありましたが、何をどう準備して、どう進めればよいのかについては、同じ学年の先生とその都度、相談をして決めていました。きっと、学年にクラスが複数ある学校ではこのように授業の準備がされているのではないでしょうか。体育は教科書や指導書がないので、困ってしまうのは事実です。

2 記憶や経験で行うことも……

　相談できる環境にあればよいのですが、学級の数が少ない場合はそれが難しくなります。そういった時には、自分自身が小学生や中学生のときに受けてきた授業を参考にすることもあるかもしれません。
　「参考に」程度であればよいのですが、再現・トレースになると子どもの実態が違うので授業者としては苦しくなることもあるはずです。

3 子どもの姿が道しるべに！

　では、授業の準備で最初にやることは何か？

　それは子どもを「知ること」です。その上で、年間指導計画や学習指導要領解説と照らし合わせながら、どんなことに、どのように取り組むのかを考え、決めていくことが大切なのです。どうして子どもの姿が先なのかと言うと、学習指導要領解説の【例示】に引っ張られすぎて、子どもたちの実態に合わない難易度の運動を選んでしまっては、どんなに一生懸命に授業の準備をしたとしても、授業は上手くはいきません。「〇年生だから、例示に書かれている□□□に取り組まなくてはいけない。」と考えている方も少なくないかもしれませんが、まずは目の前の子どもたちの今の姿を「知ること」から始めましょう。学習指導要領解説も大事ですが、私たちは子どもたちを相手に授業をするので、まずはその子どもたちの実態を把握することが先決です。

　実態の把握については、運動領域ごとに違いますが、学年によっては大きく変えなくてもいいと考えています。以下が実態の把握にオススメの運動です。

マット運動	「おりかえしの運動」「よじのぼり逆立ち」
鉄棒運動	「ふとんほし」「前回りおり」「だんごむし」
跳び箱運動	「おりかえしの運動」「馬とび」
陸上運動	「50 m走」「グリコじゃんけん」
水泳運動	「手つなぎもぐり」「水中ジャンケン」「だるま浮き」
ボール運動	「2人1組のキャッチボール」

　詳しくは、第3章の体育の授業づくりをご覧ください。

　また、実態の把握と同時に年間指導計画にも目を通しておきましょう。学校で作成されている計画はもちろん、都道府県等の教育委員会のホームページにも例が示されている場合もあるので、それらに目を通し、いつ、どんな運動領域を扱うことになっているのかの見通しをもつと良いでしょう。

　単元の時数についても示されていますが、子どもの実態に応じて、多少増減しても大きな問題はありません。その領域の運動を全く経験しないまま学年が終わることだけは避けたいところです。

3 教材研究はどう行えばいい?

1 まずは「教材」を探す
2 「教材」を研究する視点
3 教材研究にオススメの本

1 まずは「教材」を探す

　体育の教材研究はハードルが高いものに感じます。これも教科書や指導書がなく、具体的なベースとなるものが手元にないことが影響しています。

　ただし、今は非常に便利な世の中なので、インターネットで検索すれば、授業のアイデアをたくさん見ることができます。スポーツ庁や各都道府県の教育委員会のホームページには、各学年の指導例が具体的に書かれています。また、そのような公的なホームページだけではなく、出版社さんなどが運営する教育情報メディアでも多くの実践が紹介されています。

　これらを参考に「教材」を探すことは可能だと思います。その上で、教材研究となると、その教材を目の前の子どもに合わせて加工することが必要になります。

2 「教材」を研究する視点

　「研究」というと、子どもに身に付けさせたい運動感覚や技能をあの手この手で高めようとしたり、今流行りの「指導の個別化」や「学習の個性化」に応えるために学習の場を広げ複雑にしたり、さまざまなことを研究の名のもとに、付け加えてしまうことがあります。これは、研究授業や公開授業で体育の教材研究をする際に陥りやすい現象です。見た目は華やかで見栄えはいいものの、「あの授業の時にしかできない」という打ち上げ花火のような教材研究です。

それでは、再現性がなく、毎日の授業に生かされることがない研究になってしまいます。せっかく研究するのに「もったいない」ですね。なので、教材研究を日々の授業に生かせるものにしていくには、次の3つの視点で教材をアレンジしていきましょう。

①簡単・手軽・すぐできる
②力がつく・成果が見える
③楽しそう！　楽しい！

そうです。先述した「目指したい授業」のキーワードです。

手に入れた「教材」について、この視点で見直してみてください。すべてをトレースするのではなく、一番「力がつく（力をつけたいか）・成果が見える」部分を探し、「簡単・手軽・すぐできる」ように内容を絞り、全員の子どもたちが「楽しく」取り組めるかどうかを考えていきましょう。

このキーワードは教師自身の教材研究のキーワードとして捉えることもできるので、ぜひ意識してみてください。

3　教材研究にオススメの本

インターネット上のさまざまな情報も有効なものもありますが、体育に興味・関心が高かったり、日頃の授業に悩んでいたりする際には、この『体育授業に大切な3つの力』がオススメです。本書『はじめての体育』では「はじめて」を意識した内容を紹介していますが、更に体育の授業力、そして、体育の授業における教師力を高めたい方にピッタリです。

著者は同僚であり、直属の先輩でもある平川譲氏なので「忖度」しているように思われるかもしれないですがそれは一切ありません。本当です。

体育の授業づくり、体育の授業論に自分自身が強く影響を受けている一冊で、この『はじめての体育』を執筆するにあたっても、考えを整理する上で何度も読み返した本です。

そもそも本校の体育研究部4人の教員がいますが、体育授業で大事にしたいことは「動ける体を育むこと」で一致しています。本書と合わせて読んでみてはいかがでしょうか。

4 単元全体の流れを考えよう①

1 一般的と言われていますが……
2 指導計画の実情は……

1 一般的と言われていますが……

　体育授業の指導計画に関して、インターネットで調べれば、たくさんの事例が出てきます。もちろん、スポーツ庁や各都道府県の教育委員会のホームページにも事例が掲載されています。

　その多くは、鉄棒運動なら鉄棒運動、走・跳の運動なら走・跳の運動、ボール運動ならボール運動に45分間取り組み、それを6～12時間扱い1単元としているものです。いくつかの領域について整理してみます。

　以下は、器械運動系の一般的な指導計画のイメージです。

	1	2	3	4	5	6	7	8	9	10
0分	オリエンテーション	準備運動・主運動につながる運動							
20分	^	自己のできる技に取り組む							
45分	^	自己の能力に適した技に挑戦する							

ボール運動系の一般的な指導計画は以下のようなイメージです。

	1	2	3	4	5	6	7	8	9	10
0分	オリエンテーション	場や器具の準備・準備運動								
20分		ゲームにつながる運動をする								
45分		ゲームをする								

このように、単元の最初に「オリエンテーション」という1時間が設けられ、その時間に単元の学習の見通しをもったり、場や用具の準備の説明を受けたり、準備運動・主運動につながる運動・主運動に取り組みます。そして、単元の2時間目からは、【準備運動・主運動につながる運動・主運動】や【準備運動・ゲームにつながる運動・ゲーム】と45分すべてその運動に取り組んでいく単元構成になっています。

2 指導計画の実情は……

　私自身も、教師になったばかりの若い頃は、このような形で単元を捉え、授業を進めていました。いや、この形しか知らなかったかもしれません。その頃の実践を振り返ってみると、いくつかジレンマがありました。

●1つの運動領域の単元が長くなりすぎて、年間を通して領域のバランスが取りづらかったな。その結果、たくさんの時間を使った領域とそうでない領域が両極端になってしまっていたなぁ。

●運動が苦手な子にしてみると、45分間、ずっと鉄棒運動、ずっとマット運動、ずっと跳び箱運動は精神的にきつかっただろうなぁ。

●ゲームにつながる運動だけでは、ボールの基本的な技能が身に付かず、結局得意な子ばかりが活躍するゲームになることが多かったなぁ。

　そこで、あえて今回は一般的な単元ではなく、「組み合わせ単元」という単元の形を提案します。

5 単元全体の流れを考えよう②

1 「組み合わせ単元」とは？
2 「組み合わせ単元」の概要

1 「組み合わせ単元」とは？

「組み合わせ単元」とは、文字通り1時間の中で2つ以上の単元（運動領域・運動教材）を組み合わせて授業を進めるスタイルのことです。小学校体育の世界では、マイノリティかもしれません。けれども、経験上、やはりこの方法が一番、子どもたちの運動感覚・技能をバランスよく伸ばすことができます。また、子どもたちの集中力やモチベーションの視点から考えても非常に有効です。

2 「組み合わせ単元」の概要

単元のイメージはこのようになります。

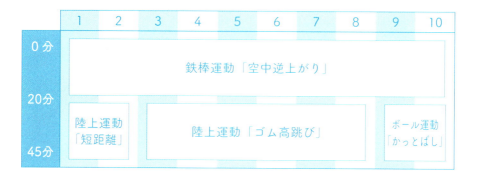

組み合わせる単元はそれぞれが主教材、つまりメインの学習と捉えています。前半の運動が後半の運動につながる運動ではなく、それぞれが1つの単元の運動として扱います。なので、2つの単元に関連はなく、それぞれの運動領域の基礎感覚・技能を高める運動になることもあれば、少し難しいことに挑戦する運動になることもあります。

組み合わせ単元のメリットは、1つの教材を約20分で扱うことで短時間に集中して取り組むことができることです。子どもたちの集中力を考えると、同じような運動を45分やるよりも、約20分で取り組む運動や意識するポイントを焦点化して取り組んだ方が学習の成果が上がります。

また、このように比べると、45分で1単元の場合は2週間で単元が終わってしまいます。これが、組み合わせ単元だと4週間の間、その運動に取り組むことができます。結果として扱う時間は同じです。しかし、集中力の高い状態での運動の頻度と期間を保証することが、運動感覚や技能の高まりや運動のポイントの実感を伴った理解へとつながっていきます。

もちろん、2教材分の教材研究が大変なようにも思えますが、長い目で見れば変わりありません。また、1時間で2教材扱うことで学習を焦点化した手軽で簡単な運動教材を考え、マネジメント（子どもの動かし方、指示の出し方など）を工夫するようになります。ただし、単元の1回目は準備や説明に多少時間がかかる場合があるので、始まりをずらして、運動学習時間を確保します。

そして、短い時間で成果が上がりやすくなれば、単元が大きくなりすぎることを防ぎます。そうすることで、領域のバランスが取りやすくなります。

6 1時間の流れを考えよう

1 「組み合わせ単元」での本時案の例
2 組み合わせるコツ

1 「組み合わせ単元」での本時案の例

これは、低学年の「体つくり運動」と「マットを使った運動遊び」の本時案のサンプルです。

学習活動	活動を支える教師の役割
おりかえしの運動 ・4列横隊に広がり、スキップやくま走り、手押し車などで往復	○一生懸命に応援している子どもや最後までしっかり運動している子どもを評価する。 ○動きを観察し適宜、助言をする。
よじのぼり逆立ち ・運動について確認する ・5秒間姿勢を維持できたら白帽子 ・慣れてきたら、班ごとに取り組む	○目線、肘の突っ張り、足首に注目させる。 ※肘を突っ張って体を支えること ※マットをしっかり見続けること ○必要に応じて、お手伝いを促す。
ゆうびんやさん ・4人に1本、長なわを準備 ・「ゆうびんやさん」を歌いながら跳ぶ ・5回跳べたら帽子の色を変える ・全員、帽子の色が変わることを目指す	○なわの持ち方、回し方を理解させる。 ○活動が滞っている班に声をかけたり、できた子をミニ先生にして教えさせたりする。

低学年は、短い時間で取り組む運動教材を変えた方が1つ1つに集中して取り組むことができ、運動感覚を高めやすくなります。

次は、高学年の「体つくり運動」と「ネット型ボール運動」の本時案のサンプルです。

学　習　活　動	活動を支える教師の役割
ダブルダッチ ・４人に１セット、長なわを準備 ・跳び手と回し手は交代しながら ・連続５回以上を目指す ・上手に跳んでいる子を観察する ・ポイントを意識して取り組む	○一定のリズムで大きく回すように声をかける。 ○回数を声に出すよう促す。 ○全体の動きを把握する。 ○全員でお手本の子の動きを観察する。 ○気づいたことを出し合い、運動のポイントを共有する。
アタックゲーム入れ替え戦 ・４試合同時に行う ・攻守は時間で交代する ・セルフジャッジで進める ・勝敗によってコートを移動する ・投げ上げトスの高さを意識する ・ポイントを考え、意識しながら取り組む	○ボールをよく見て、おもいきり打つように声をかける。慣れてきたら、ねらった方向に打てるようにさせる。 ○丁寧にトスを投げ上げている子を探す。 ○上手に投げ上げトスをしている子を紹介させ、動きを全員で観察する。 ○ポイントと共有する。

高学年は、運動が難しくなってきますが、運動の場や使う用具についてはシンプルにするように意識しましょう。

2 組み合わせるコツ

組み合わせるときには、基本的に「準備が簡単な教材＋準備が簡単な教材」になるように意識しましょう。難しい場合でも「準備が簡単な教材＋少し準備が必要な教材」に留められるように、いろいろなものを付け加える工夫ではなく、一番学ばせたいところだけに絞る引き算での工夫をしていきましょう。

また、次の授業がこの本時案とほぼ同じということでも大丈夫です。毎時間、めあてや取り組みを変える必要はありません。子どもたちの技能や理解の定着には時間がかかる場合もあります。ある程度の「余白」「あそび」をもっておくことで、子どもの姿をベースにした単元、授業を構成することができます。

授業をセルフチェック

「今日の体育の授業は"よい授業"だったのか」
　私たち教師が普段の授業について、それを判断するのは意外に難しいことです。研究授業などで他者からの評価や意見があれば、客観的に分析することはできますが、毎日の授業はそうはいきません。教師一人と子どもたちの空間なので、視野が狭くなりがちです。そもそも、"よい授業"の定義も難しいものですが。
　そこで、授業をセルフチェックできる基準をもつことが大切です。
　体育の授業は、大きく4つの場面に分けられると言われています。
　①　インストラクション場面（教師の指導場面、説明や指示）
　②　マネジメント場面（移動、待機、準備、後かたづけ）
　③　運動学習場面（実際に体を動かして学習に取り組む時間）
　④　認知的学習場面（話し合い、学習カードの記入などの時間）

　授業では「運動学習場面」をなるべく多くし、「インストラクション場面」「マネジメント場面」を少なくすることが理想です。つまり、準備や後かたづけはテキパキ行い、教師の説明は端的にし、子どもたちたくさん運動させて夢中にさせることが大切なのです。
　最近は「思考・判断・表現」を重視するあまり、「認知的学習場面」に非常に多くの時間を費やす授業を目にします。子どもたちが体を動かすまでに10分以上かかったり、授業の後半の10分以上の時間を子ども同士の振り返りや全体での感想の発表にあてたり。
　子どもたちは、体を動かしながら気づき、考えています。だからこそ、十分な運動学習時間を確保し、子どもの運動欲求を満たしながら、動きと思考を繰り返し"つなぐ"ような授業にしていきましょう。
　まずは、子どもたちが爽やかな汗を流しながら、夢中になって運動に取り組む姿を目指していきましょう。

第 3 章

体育の授業づくり

① 体つくり運動の授業づくり

1 体つくり運動で大切にしたいこと
2 体つくり運動の扱い方
3 6年間の体つくり運動の系統イメージ

1 体つくり運動で大切にしたいこと

　小学校学習指導要領解説の体育編には、体つくり運動について『体を動かす楽しさや心地よさを味わい運動好きになるとともに、心と体との関係に気付いたり、仲間と交流したりすることや、様々な基本的な体の動きを身に付けたり、体の動きを高めたりして、体力を高めるために行われる運動である』と書かれています。
　その上で、私が体つくり運動の授業で特に大切にしたいのは、次の2つです。
①「体を動かす楽しさや心地よさを味わうこと」
②「体の基本的な動きが身に付くこと」
　体を動かす楽しさや心地よさを味わったり、体の基本的な動きを身につけるためのコツをつかんだりするには、運動頻度を楽しく保証する必要があります。つまり、その運動がその時だけ楽しいものであったり、トピックス的に扱って何となく楽しかったりするものでは、その後の運動につながらないことが考えられます。それでは、限られた授業時数の中で扱うことをためらってしまいます。
　そこで、体つくりでは、運動の頻度を保証し、できることを少しずつ増やしたり、動きの高まりを実感できたりすることを目指します。「体つくり」を「動きづくり・感覚づくり」と考えていくという発想です。体を動かす楽しさや心地よさを味わう上で「できた！」という実感を伴った体験は大切な要素の一つです。体を動かす楽しさだけに特化してアラカルト的に取り組むのではなく、その先の運動学習（特に器械運動系）に生きるような技能や感覚を高めていくことを体つくり運動の授業を通して目指していくことが理想的であり、現実的だ

と考えています。難しく考える必要はなく、「手軽に、簡単に、継続して」取り組めるシンプルな教材を選び、取り組んでいきましょう。

2 体つくり運動の扱い方

　体つくり運動の授業を展開していくときには、単元で大きく扱う方法もあります。しかし、先述したように「動きづくり・感覚づくり」の観点から考えると継続的に取り組んだ方が技能的にも感覚的にも、より大きな効果が期待できます。

　最初のウォーミングアップの一環として継続的に取り入れたり、15分〜20分程度の短い時間で扱ったり、子どもの実態に合わせて、効率よく扱うことが大切です。

　これは、体つくり運動に限ったことではありません。「子どもたちが運動を身近に感じ好きになっている」「体の基礎的な動きが少しずつ身に付いている」ことを子どもたちが実感できるような授業である必要があります。「運動が楽しいこと」と「運動ができること（今までの自分より少しだけでも）」は子どもたちにとって、つながりが強いものです。

　それを意識することで、運動する楽しさだけでなく、運動しながら基礎的な動きが身に付く楽しさを実感できる体つくり運動の授業になります。

3 6年間の体つくり運動の系統イメージ

学年	1年	2年	3年	4年	5年	6年
運動名	おりかえしの運動					
	じゃんけんゲーム					
		30秒とび・あやとび・交差とび				
			サイドクロス・二重回し			
				短なわ2人とび		
	大波、小波・ゆうびんやさん・とおりぬけ					
		0の字とび・8の字とび				
			ひょうたんとび・ひょうたんダブル			
			人数とび			
					ダブルダッチ	

2 体つくり運動の教材例①

1 おりかえしの運動
2 じゃんけんゲーム

1 おりかえしの運動

「おりかえしの運動」は、一定の距離を往復する運動です。効率よく運動量を確保できるだけでなく、体の総合的な動きを身につけさせることができます。この総合的な動きをより多く経験することがさまざまな運動の基礎を育てていきます。まさに"からだづくり"です。コースの途中にマットを置けば、「前転がり」「川かわり」「ジャンプ」など動きの幅を広げられることができます。

おりかえしの運動の運動例
・走る（前後）　・ケンケン　・両足ジャンプ　・スキップ　・くま走り
・ウサギとび　・かえるとび　・クモ歩き　・あざらし　・川わたり
・おんぶ　・手押し車　etc

片道7～10m程度。体育館の既存のラインを使うと手軽に取り組めます。

おり返し運動の配置

前回り

また、学習のルールや態度を学ばせる上でも有効な教材です。順番の待ち方や友だちへの声のかけ方、全力を出す習慣は低学年の時期にこそ、自分たちの価値やよい習慣として根付かせたいと考えています。低学年で扱うことが多いのですが、学習集団の実態把握にも適していますので、どの学年でも取り組む意味はあります。

2　じゃんけんゲーム

「じゃんけんゲーム」は、指定された運動を行いながら、相手チームの友だちとじゃんけんを行い、〇人に勝ったらゴールに向かう教材です。一定時間内にゴールした人数の多いチームの勝ちとします。最初は、走って「移動してじゃんけんをする」というルールを理解させます。その上で運動の仕方を変えていきます。また、「勝ったら、友だちの作ったトンネルをくぐる」「勝ったら、友だちの足をジャンプする」など、じゃんけんの結果によって運動をすることも様子を見ながら取り入れます。子どもたちは単純だからこそ夢中になって取り組むことができます。また、短い時間でも全員に運動を保証できる良さがあります。

開始前

ゲーム中盤

ゲーム終盤

3 体つくり運動の教材例②

1 短なわ（2人組）
2 ゆうびんやさん
3 8の字とび

1 短なわ（2人組）

　短なわとびは、限られたスペースでも十分な運動量を確保することができます。1人1本持っている場合が多く、非常に身近な教材と言えます。

　なわとびカードを渡して、そこに示されている技に挑戦させる方法をよく目にします。この活動だと、自分の課題に向かって学習を進めることができるように思えます。しかし、苦手な子からすれば、どんどん進んでいく仲間を見て、自分だけ置いて行かれる印象を受け、取り組みが後ろ向きになります。

　そこで、授業の中では取り組む技や回数を限定し、全体として同じ課題に取り組みます。お互いに数え合ったり、アドバイスをしたりする姿が見られるようになります。技能の差が生まれやすい個人の運動教材こそ、かかわりを生かして、学習を充実させましょう。1つの技につき10回成功が目安です。

短なわ

回数をカウントする様子

2 ゆうびんやさん

ゆうびんやさん

「ゆうびんやさん」は、全員になわを跳ぶこと・回すことの経験値を高めるのに適した教材です。特に低学年期は跳ぶ経験が乏しいまま、回し手を固定することは避けたいと考えています。跳ぶことも回すことも全員の共通課題として扱わなければ、その後、スモールステップを意識して教材を高度にしていくことは困難になります。跳べない子を跳ばせるために、丁寧になわ回しをしようとすれば、身につけさせたい技能に向かっていきます。

3 8の字とび

「8の字とび」は、ポピュラーな跳び方です。**3分間にクラス全員で何回跳べるか**などの競争をする取り組みもありますが、授業ではオススメしません。1つのグループの人数を減らして取り組みます。運動の頻度が多くなるようにすることや全員が回し手を経験するようにして、全体として技能を向上していくことをねらいます。クラスの記録も、全員で跳ぶことではなく、グループの回数の合計で算出することで、一人ひとりのミスに対する抵抗を少なくします。

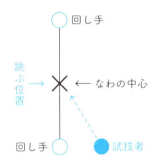

8の字とび

また、8の字とびは、上からなわが自分に向かってくる「かぶり回し」が一般的ですが、下からなわが自分に向かってくる「むかえ回し」もあります。「かぶり回し」に慣れてきたら、「むかえ回し」にも挑戦してみましょう。運動の幅が広がるだけでなく、ダブルダッチにもつながります。

4 体つくり運動の教材例③

1 ひょうたんとび・ひょうたんとびダブル
2 ダブルダッチ

1 ひょうたんとび・ひょうたんとびダブル

　8の字とびは、なわの真ん中で跳んだら、対角線（斜め）の方向に走り抜けていました。
「ひょうたんとび」は、なわの真ん中で跳んだら、8の字とびと反対方向（左から入ったら、左の方向）に抜けます。そして、回し手のそばを回り、最初と同じように左から入り、左方向に抜けます。入る方向と出る方向は一緒ですが、入る際のなわの見え方が"かぶり回し"と"むかえ回し"が交互になります。ただし、なわの回し方やなわの回す方向については、8の字とびと変わらないので、跳ぶ時に入り方、抜け方が変わるだけです。回し手の2人を結ぶ線の向こう側にはみ出さないように跳びましょう。失敗が少なくなるだけなく、両側から入って跳ぶことができます（ひょうたんダブルに発展します）。

ひょうたんとび

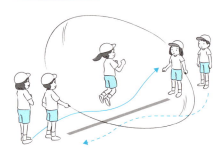

入り方と抜け方

42

ひょうたんとびダブル

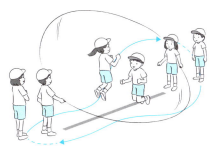

入り方と抜け方

2 ダブルダッチ

「ダブルダッチ」は、2本のなわをリズミカルにとぶ教材で、それまでの"長なわ"の学習で高めた感覚を生かして取り組みます。

　なわにタイミングよく入ったり、リズムよく跳び続けたりすることが必要となります。そのためには、長なわ1本での「かぶり」と「むかえ」回しの両方で安定して跳ぶ技能が前提となります。また、2本のなわを安定して回す技能も大切です。全員が回し手であり、跳び手であることが授業を進める上で大切なので、安定して回す子が多くなる高学年向きの教材と言えます。

　ある程度跳ぶことができたら、なわの中に入って抜けることにも挑戦しましょう。跳ぶ回数と跳ぶ方向について着目させ考えながら取り組むと、跳んで抜けるためのポイントが見えてきます。

タイミングを計って

リズミカルに

5 マット運動の授業づくり

1 マット運動で大切にしたいこと
2 マット運動の扱い方
3 ６年間のマット運動の系統イメージ

1 マット運動で大切にしたいこと

　運動領域という考え方であれば、ここでは「器械運動」について、まとめて述べたいところですが、器械運動は中・高学年になると「マット運動」、「鉄棒運動」、「跳び箱運動」と内容がわかれます。それぞれの授業づくりについて、共通する部分もありますが、わけて考えた方がわかりやすいと考え、３つの内容でわけています。

　小学校学習指導要領解説の体育編には、器械運動について『「回転」、「支持」、「懸垂」等の運動で構成され、様々な動きに取り組んだり、自己の能力に適した技や発展技に挑戦したりして技を身に付けたときに楽しさや喜びを味わうことのできる運動である』と書かれています。

　そして、マット運動については、『回転系（接転技群：前転・後転グループ技、ほん転技群：倒立回転・はね起きグループ技）と巧技系（平均立ち技群：倒立グループ技）』を取り上げています。ここで注目したいのは、回転系の中にも「接点技群（体を接して回る技）」と「ほん転技群（体を支えて回る技）」の２つの群があるという点です。

　マット運動と言えば、低学年の段階からの前転・後転にはじまり、開脚前転・開脚後転など、「接点技群」を重視する傾向がありました。側方倒立回転などの「ほん転技群」は学年が上がってから取り組むことが多く、マット運動が得意な子が取り組む技のようになっていることもあります。

　そこで、私がマット運動の授業で特に大切にしたいのは、次の２つです。
①「低学年から接して回る技と体を支えて回る技の両方に取り組むこと」
②「同じ技の中で自分のなりたい動きに近づくこと」

また、巧技系にもある倒立も低学年のころからの積み重ねがあるかないかの差は非常に大きくなります。そこで、次のことも大切にしていきます。
③「腕支持感覚・逆さ感覚・体幹の締めの感覚を確実に高めること」

2 マット運動の扱い方

マット運動の授業を展開していくときには、基礎感覚の積み重ねと技を絞ることを大切にする必要があります。

低学年では「マットを使った運動遊び」という内容になっていますが、楽しく遊んだだけで、中・高学年につながる感覚を身に付けていなければ意味がありません。運動遊びを通して「自分の体を支える腕支持感覚」「自分のお尻よりも頭が下がる逆さ感覚」「体に力を入れる体幹の締め感覚」を高めておくことが大切です。これらの感覚を低学年のうちに経験し養うことが、中・高学年で扱うマット運動の技につながります。また、中・高学年で技に取り組む際には、取り組む技を絞ることで着実に技を身に付けるだけでなく、子ども同士の学び合いの保証にもつながります。「自己の能力に適した技」を発展的な別の技に挑戦することと捉えがちですが、それでは授業の中で取り扱う技が多くなりすぎて、指導がしきれず、安全面も担保できなくなります。同じ技でも、完成度を追及させることで異質な集団でも学び合いを成立させることができます。「できる」「できない」がはっきりした運動だからこそ、取り組む技と子ども、子ども同士がどのようにつながっているのかを意識することが大切です。

3 マット運動の系統イメージ

学年	1年	2年	3年	4年	5年	6年
運動名	おりかえしの運動 手足走り・うさぎとび・手押し車					
	よじのぼり逆立ち					
		だんごむし逆立ち・ツ゛ョニァ゛				
			お手伝いかべ逆立ち・かべ逆立ち			
		川わたり・大の字まわり				
				側方倒立回転・ホップ側転		
					コンタクト・前ひねり	
		ブリッジ				
				よじのぼりブリッジ・逆立ちブリッジ		
					お手伝いハンドスプリング	
	おりかえしの運動 前ころがり					
	ゆりかご	背支持倒立				
			前転・お手伝い後転	開脚前転・開脚後転		
	よじのぼり逆立ち→前転			倒立前転		

45

6 マット運動の教材例①

1 よじのぼり逆立ち
2 だんごむし逆立ち
3 かべ逆立ち（お手伝いかべ逆立ち）

1 よじのぼり逆立ち

「よじのぼり逆立ち」は、腕支持感覚、逆さ感覚、体幹の締めを身につけさせる運動です。壁に背を向け、マットに両手を着き、両足で壁をよじのぼりながら逆さの姿勢になる運動です。逆立ちの運動の第一歩。逆立ちの運動は系統的に発展させることが可能なので低学年から取り組み、感覚を高めましょう。

よじのぼり逆立ち

　また、"お手伝い"も大切にしています。よじのぼり逆立ちが「できる、できない」ではなく、お手伝いがあれば「できる」という成功体験を大切にします。この"お手伝い"という学習文化も大切にしてほしいことの一つです。

2 だんごむし逆立ち

「だんごむし逆立ち」は、逆さ感覚、体幹の締めを身につけさせる運動です。壁を使った三転倒立（頭と両手）と言えます。足を縮めた三転倒立の「だんごむし逆立ち」は、「かべ逆立ち」と比べて、小さな力で逆さになることができます。小さな力で逆さになり、逆さの姿勢に慣れることが大切です。まずは5秒間姿勢を維持することを目標にしましょう。

だんごむし逆立ち

また、やり方を確認する意味で声をかけながら取り組ませます。

T：「頭を着いて！」　C：「頭を着いて!!」

T：「手を着いて！　三角オッケー？」

C：「手を着いて！（頭と手で大きな三角形ができているかを確認）」

C：「（友だちの動きを見て三角形が確認出来たら）三角オッケー！」

T：「お尻を上げて！」

C：「お尻を上げて！（頭と手は動かさず、かべの方に歩いてお尻を上げる）」

T：「せーの！」

C：「（背中と腿の裏を支えて体を縮めたまま支える）1・2・3・4・5！」

　技能を高める上でも、安全に配慮する上でも、仲間同士で動きや姿勢を声に出して確認することが大切です。逆さになっている本人も声が聞こえれば、自分の動きを意識しやすくなります。

3 かべ逆立ち（お手伝いかべ逆立ち）

「かべ逆立ち」は、かべに向かい両手を振り下げてマットに手を着いて逆さになって体を支える運動です。取り組んでいる学校も多いとは思いますが、よじのぼり逆立ちなどで感覚を高めると、子どもたちはスムーズに取り組むことができます。運動ポイントは、「肘を突っ張って、目線をマット」にすることです。私は「自分の爪を見て！」と声をかけています。

　また、この運動はお手伝いをベースに取り組ませます。特に立った状態から手を振り下げて、適切な場所に手を着いて逆さになる動きが難しいのです。なので、まずは最初からマットに手を着き、仲間が床に足の着いている状態から足を持ち上げて、逆さになる「お手伝いかべ逆立ち」で自信をつけさせましょう。「お手伝いがあれば、できる！」を目標にします。

かべ逆立ち

7 マット運動の教材例②

1 川わたり
2 大の字回り・側方倒立回転
3 よじのぼり逆立ち→前転

1 川わたり

側方倒立回転のもとになる運動です。

小さなマットを川に見立てて、そのマットに足がぶつからないようにしながら、体を支えて反対側まで足を移動させる運動です。手をなるべく縦に着くようにさせることと、お尻を着かないように足で着地することを意識させます。

川わたり

1

2

なので、足や腰が伸びているか伸びていないかを課題にはしていません。上手、キレイを目指す前に、運動を知り、「できた！」の感覚を味わい、運動を楽しみながら、感覚を高めさせることを目指しましょう。

2 大の字回り・側方倒立回転

「大の字回り」は、腕で自分の体を支えて逆立ちの姿勢で横に回転する運動です。ちなみに横向きで始める運動を「大の字回り」、正面から始める運動を「側方倒立回転（側転）」と、一応、便宜上、区別しています。このような区別であれば、子どもたちも理解しながら取り組むことができます。

48

側方倒立回転

「肘を突っ張って腕支持で体を支えること」
「マットをしっかり見続けること」
この２つが運動のポイントです。

大きく、美しい大の字回りができるようになることも大切ですが、手やお尻を着かずに「逆立ちの姿勢を経過して、転ばずに着地すること」を〇にしています。そうすることで苦手な子どもの意欲の継続にも繋がります。

側方倒立回転の入り方

3 よじのぼり逆立ち→前転

倒立前転につながる運動ですが、取り組んでいるのは１年生です。細かな指導はせず、よじのぼり逆立ちに取り組んでいる際に、次の子と交代をするタイミングで前回りを取り入れていました。回るときに、おへそを見て、後頭部をマットに着けるように伝えれば、ケガなく取り組むことができます。

体が軽く、比較的に柔軟性のある時期に経験させることは大切だと考えています。ただし、上手に回ることは意識させません。

よじのぼり逆立ち→前転

8 マット運動の 教材例③

1 逆立ちブリッジ
2 お手伝いハンドスプリング

1 逆立ちブリッジ

「逆立ちブリッジ」は、"かべ逆立ち"と"ハンドスプリング（前方倒立回転）"をつなぐ教材です。

　逆立ちをする子は、お手伝いの土台になる子の側面に向かって正対します。そこから、逆立ちをします。お手伝いの土台の子は、お互いの体に隙間ができないように、着手の瞬間に体を寄せます。見ている仲間は「寄せろ」と声をかけます。そのまま前方に足を振り上げ、背中の方向に倒れ、着地します。ブリッジの姿勢になったら、お手伝いの子は体を小さくして、ブリッジの下から抜けます。そこから、1人で10秒程度ブリッジの姿勢を保つことを目指しましょう（最初はもっと短い時間でもOKです）。

2 お手伝いハンドスプリング

「ハンドスプリング＝上手な子が取り組む技」のイメージだと思いますが、系統的に感覚を高めていけば、多くの子どもたちがお手伝いをしてもらいながら、取り組むことが可能です。ただし、安全面が最優先なので無茶は禁物です。

逆立ちをする子には、
①土台の近くに着手すること
②背中を丸めないように背筋を伸ばすことを意識させます。

お手伝いをする子には、
①肘を伸ばして体に力を入れて頑丈な土台を作ること
②着手の瞬間、必ず体を寄せることを意識させます。
仲間は「寄せろ！」の声を**必ず**毎回かけて安全に学習を進めましょう。

　右の写真では、1人でのハンドスプリングに挑戦しています。1人で取り組む際にも、背中を丸めないように背筋を伸ばすことはもちろん、逆立ち系の共通のポイントである「①肘を突っ張って腕支持で体を支えること」「②マットをしっかり見続けること」を忘れずに意識させることが大切です。学びは低学年から、つながっているのです。

9 鉄棒運動の授業づくり

1 鉄棒運動で大切にしたいこと
2 鉄棒運動の扱い方
3 6年間の鉄棒運動の系統イメージ

1 鉄棒運動で大切にしたいこと

　マット運動に続いて、鉄棒について述べていきます。小学校学習指導要領解説の体育編では、鉄棒運動について『支持系（前方支持回転技群：前転・前方足掛け回転グループ技、後方支持回転技群：後転・後方足掛け回転グループ技）』を取り上げています。
　つまり、鉄棒を使って、前に回ったり、後ろに回ったりする技に取り組むということです。1本の棒を軸にして、回ったり、ぶら下がったり、飛んだりすることができる楽しい教材です。一方で、「怖い・痛い・苦しい」というマイナスの経験やイメージがあり、苦手意識をもっている子どもたちがいることも事実であり、それが指導のしにくさにつながっているのです。
　それらも踏まえて、鉄棒運動の授業で特に大切にしたいのは、次の2つです。
①「鉄棒運動を楽しむための感覚づくりに取り組むこと」
ここでいう、楽しむための主な感覚は以下の3つ。
　　「頭の位置が下になる逆さ感覚」
　　「鉄棒を軸にして回る回転感覚」
　　「腕やお腹、背中に力を入れて体を締める感覚」
②「友だちや先生のお手伝いや補助で"できた！"を積み重ねること」
　低学年のうちから、鉄棒の「技（主に逆上がり）」に取り組んでしまうと、その技が「できた・できない」に意識が向き、苦手に感じている子どもたちは一気にモチベーションが下がってしまいます。比較的体が軽く、恐怖心の小さい低学年から鉄棒運動を楽しむための感覚づくりに取り組むことが大切です。も

ちろん、目の前の子どもが低学年でなくても、実態に応じて、感覚づくりから取り組むことには大賛成です。また、「一人では"できない"」で終わらせるのではなく、「お手伝いや補助があれば"できる"」という成功体験を積み重ねることで、鉄棒運動の楽しさを味わうことができるのです。

2 鉄棒運動の扱い方

　マット運動同様、基礎感覚の積み重ねと技を絞ることを大切にしましょう。

　1年生のうちから、短い時間で、繰り返し、鉄棒に触れることが大切です。多くの学校では運動場に鉄棒が設置されており、準備の必要がほとんどありません。運動場で体育をする際の5分でも、10分でも鉄棒運動を楽しむための感覚づくりに取り組んでみましょう。もちろん、トレーニング的にではなく、チャレンジや競争、じゃんけんなど遊びの要素を取り入れれば、子どもたちにとって楽しい運動と捉えやすくなります。

　また、技に取り組む際には、必ず似ている運動を経験させ、子どもたち自身が「できそうだな」と感じられるような教材の配列が大切です。そして、マット運動同様に、取り組む技を変えたり、組み合わせ技に挑戦させたりするのではなく、同じ技でも美しい動きや回数を高めるようにすることを追求させましょう。

　小さな成功体験を積み重ねることで、つらい鉄棒から楽しい鉄棒へと変わっていくのです。

3 鉄棒運動の系統イメージ

学年	1年	2年	3年	4年	5年	6年
運動名	ふとんほし・前回りおり					
	つ　ば　め・こ　う　も　り					
	だんごむし・お手伝い逆上がり		お手伝い逆上がり・逆上がり			
		ふとんほしブランコ				
			だるま回り（抱え込み回り）前・後ろ			シンクロだるま
			後方ひざかけ回転			
			こうもり振り			
				後方支持回転（空中逆上がり）		
				前方支持回転（空中前回り）		

10 鉄棒運動の教材例①

1 つばめ
2 ふとんほし・前回り
3 だんごむし

1 つばめ

「つばめ」は、全員ができる可能性が高い鉄棒運動の1つです。鉄棒を握り、肘を突っ張って、自分の体重を支えます。写真の子どもたちは、肘も膝も、ピンッ！と伸びていますが、まずは鉄棒を握って、体重を支えることを目指しましょう。小さなゴールが大切なのです。みんなで数を数えると、盛り上がります。

2 ふとんほし・前回り

鉄棒運動の入門期の教材ですが、逆さの姿勢になることに抵抗を感じ、体を前に倒すことも怖がる子どももいます。教師が補助しながら、逆さや回転に慣れさせていきましょう。ここを**丁寧に逃げずに扱う**ことで、その先の子どもたちの鉄棒運動への取り組みが前向きになります。

どちらの運動も、腕支持（つばめの姿勢）から上体をゆっくり前に倒して、へその下（足の付け根）でぶら下がります。

ここで手を離すと、ふとんほしになります。手を離す前に、体が落ちないように【**ひざを曲げること**（鉄棒がへその下で固定され落ちにくくなります。）・**つま先を上に向けないこと**】について、声をかけて意識させましょう。上体を前に倒せない子には、教師が背中と膝を支えて安心感を与えながら取り組ませます。「できない」「やらない」で終わらせないことが大切です。

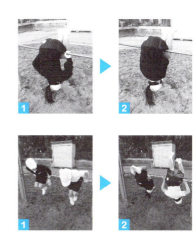

　へその下でぶら下がった状態から、手を離さずに回転すれば、前回りになります。怖くて回れない場合には、ふとんほしと同じように教師が補助をして、回ることを経験させましょう。

　どちらも慣れてきたら、じゃんけんや競争を取り入れ、ゲーム化すれば楽しみながら感覚を高めることができます。じゃんけんをする場合には、片手を掴んでいることもOKにしましょう。

3　だんごむし

　肩幅の広さで鉄棒を握ります。この時、逆手のほうが腕を曲げやすく、力が入りやすくなります。顎を鉄棒よりも上に出しますが、顎でぶら下がらないように声をかけましょう。ぶら下がる時には、肘が鉄棒の下になっているか確認し、鉄棒を下に引っ張るようなイメージで力を入れさせます。

11 鉄棒運動の教材例②

1 だるま回り（かかえ込み回り）
2 後方ひざかけ回転
3 空中逆上がり

1 だるま回り（かかえ込み回り）

「だるま回り」は、【①脇をしめる②鉄棒（回転補助具）に肘をしっかりつける③腿をしっかり抱える】の３つのポイントを押さえて取り組みましょう。安全に取り組ませるうえでも回転するうえでも大切になります。

　その姿勢で、ブランコをこぐ時のように、膝を曲げ伸ばしして、大きく体を振動させます。かかとがお尻に着くぐらいしっかりと曲げること、その後、膝がピンッとなるぐらい伸ばすことを意識させます。仲間が動きを見ながら「曲げる〜〜〜！　伸ばすっ！」と声を掛けます。声をかけていると、タイミングがつかめるので、自分が回転する時にも役立ちます。

2 後方ひざかけ回転

「後方膝かけ回転」は、ひざを支点に後方へ回転する教材です。

後方への回転感覚に加えて、ひざを回転軸にすることと、手首を返して起き上がることが大切になります。

少し難しいようにも見えますが、はじめは足が地面に着く高さでお手伝いをしてもらいながらであれば回転することができます。また、ひざを鉄棒に引っかけているので、手を急に離さなければ落下する危険性は低いですし、回転の軸が離れていないのでお手伝いもやりやすい教材と言えます。

3 空中逆上がり

腕支持の姿勢から足を揃えて前後に振ります。足を前に振り出すと同時に、体を後方に倒します。鉄棒からおへそを離さないようにしながら、へその下（足の付け根）を鉄棒に引っかけます。手首を返して、鉄棒を押して、体を起こします。下の写真のように、お手伝いでの成功体験を重ねましょう。「いーち、にー、の」で足を前後に振り、「さんっ！」で腿を支え、腰を鉄棒に引っかけて回転させます。

12 跳び箱運動の授業づくり

1 跳び箱運動で大切にしたいこと
2 跳び箱運動の扱い方
3 ６年間の跳び箱運動の系統イメージ

1 跳び箱運動で大切にしたいこと

　マット運動、鉄棒運動に続いて、跳び箱運動について述べていきます。
　小学校学習指導要領解説の体育編では、跳び箱運動について『切り返し系（切り返し跳びグループ技）と回転系（回転跳びグループ技）』を取り上げています。
　つまり、自分の体を支えて跳び箱を跳び越したり、自分の体を回転させて跳び箱を跳び越したりする技に取り組むということです。跳び箱運動は、空を飛んでいるような非日常の体験ができる一方、他の領域に比べてケガの発生が多く、恐怖心が芽生えやすい運動でもあります。それが指導のしにくさにつながっているのです。
　それらも踏まえて、跳び箱運動の授業で特に大切にしたいのは、次の２つです。
①「跳び箱を使わずに跳び箱運動で必要な感覚や動きを高めること」
　例えば、次のようなことです。
　「開脚とび→馬とび：踏み切り、両手で支持、安全な着地」
　「かかえ込み跳び→うさぎとび：踏み切り、両手で支持、手よりも着地が前」
　「台上前転→マットを重ねた高さ転がり：両手で支持、お尻を高く、へそを見る」
②「高さではなく、美しさや完成度を意識させること」
　低学年のうちから「跳び箱」に取り組ませると、跳び箱の硬さや狭さに意識が向き、苦手意識をもってしまう場合があります。また、低学年の子どもたちにとって、重い跳び箱の準備や片付けは容易ではありません。それらを踏まえて、跳び箱を使わずに跳び箱の技と同じような運動に低学年のころから取り組

み、跳び箱運動を楽しむための動きや感覚を身に付けることが大切です。

　また、個人の目標を持たせる際には、跳び箱の高さを意識させたり、別の技を選ばせたりするのは避けましょう。技の美しさ、完成度、安定感などに着目させ、お互いに見合い、教え合いながら学習を進めましょう。

2　跳び箱運動の扱い方

　授業を展開していくときには、他の器械運動同様、基礎感覚の積み重ねと技を絞ることを大切にしていきましょう。

　跳び箱運動を楽しむには「自分の体を支える腕支持感覚」が大切です。それを高める運動（うさぎ跳び、かえる跳び、馬とび）は低学年のころから、繰り返し、継続的に取り組むようにしましょう。中学年までに跳び箱を使わずに、跳び箱運動を楽しむために必要な運動への取り組みを充実させることで、跳び箱嫌いが減り、高学年になっても意欲的に取り組むことができます。

　また、開脚とびやかかえ込み跳び、台上前転に取り組む際には、取り組む技を絞ったうえで、跳び箱だけでなく、重ねたマットの有無を選べるようにしましょう。また、高さも選べるようにしますが、高さに意識が向きすぎないように高さの制限をしましょう。

3　跳び箱運動の系統イメージ

学年	1年	2年	3年	4年	5年	6年
運動名	おりかえしの運動（手足走り・うさぎ跳び・かえる跳び）					
	馬とび（0の馬〜4の馬）・30秒馬とび					
			どこまで馬とび・○点馬とび			
				開脚とび（縦・横）		
				マット越しうさぎとび		
					かかえ込み馬とび	
					選べるかかえ込み跳び	
	おりかえしの運動（前ころがり・前回り）					
				高さ転がり（マットを重ねて）		
					台上前転（伸膝台上前転）	

59

13 跳び箱運動の教材例①

1 馬とび（0の馬～4の馬）
2 30秒馬とび

1 馬とび（0の馬～4の馬）

　跳び箱運動の例示ですが、跳び箱の開脚とびにつながる重要な運動が、この「馬とび」です。跳び箱運動の授業をする上で、最重要運動と言えます。

　取り組む前提として、安全面を考慮して、必ず体格が同じくらいの2人1組で行います。馬とびは跳ぶことも大切ですが、丈夫で安定した安全な「馬」をつくることが大切ですので、ペアの組み方には十分に配慮しましょう。

　そして、その「馬」にもバリエーションがあります。

 ▶  ▶  ▶

1の馬
①手と膝を肩幅に開いて床に着きます。
②肘を伸ばして、へそを見て頭を引っ込めて、背中を平らにします。
③お腹の下に四角い箱が入るイメージです。

2の馬
①足は肩幅よりも広く開いて、しっかり膝を伸ばします。
②肘を伸ばして足首をつかみ、頭を引っ込めます。

3の馬
①手は肩幅に、足はそれよりもやや広く開いて床に着きます。
②肘と膝をしっかり伸ばして、体に力を入れて、頭を引っ込めます。

4の馬
①足は肩幅よりも広く開いて、しっかり膝を伸ばします。
②肘を伸ばして膝をつかみ、頭を引っ込めます。

　高さの低い馬から取り組み、跳び越す感覚を着実に身に付けさせましょう。
　では、馬跳びの運動のポイントについて整理したものをご覧ください。

①馬の背中の中央に手をつきます。指を開き、指先に力を入れ、手のひら全体をつきます。
②膝を曲げてから踏み切ります。
③肩と頭を前に出して、着地する場所を目で確認します。
④両手で馬を押します。後ろに押すイメージで着地ギリギリまで手を離さないようにします。

しかし、初期の段階では、馬が跳べなかったり、跳び越す直前に背中から手を無意識に離してしまい、跳び越えているつもりになっていたりする場合があります。これは、高さの問題だけでなく、馬の背中を押して、自分の体を支えながら、体を前に投げ出す経験がないことが考えられます。そこで、「手で背中を押す感覚」と「肩よりも頭を前に出す感覚」を高めるための「0の馬」を紹介します。

①膝を曲げてカメのような形で体を小さくします。
②跳び越える際に手を離してしまう場合には、手を着いたまま両足で跨ぐようにして歩き、ギリギリまで手を離さないようにしましょう。こうすることで、馬を後ろに押す感覚を養うことができます。

0の馬

慣れてくると、助走をつけて跳びたくなります。特に、馬が高くなると、その傾向は強くなります。しかし、「絶対に助走をして跳んではいけません！」
必要以上に勢いがつき、踏み切りや着手に強い力がかかり、その力に馬が耐え切れず、馬が崩れることがあります。そうすれば、馬をしている子だけでなく、跳んでいる子もバランスを崩し転倒し、2人ともが大きなケガをしてしまう恐れがあります。その都度確認し、事故が起きないようにしましょう。

2　30秒馬とび

30秒間でどれだけ多く馬を跳ぶことができるかに挑戦します。高さは特に指定せず、自分がスムーズに跳び越せる馬を選ばせます。

14 跳び箱運動の教材例②

1 どこまで馬とび
2 ○点馬とび

1 どこまで馬とび

　30秒馬とびに継続的に取り組み、馬とびに慣れてきたころに取り組む運動です。今回は馬をマットの真ん中（気持ち奥側）につくったものを紹介しますが、はじめはマットの外側に馬をつくり、白いマットに着地する運動から始めても良いでしょう。

　試技する子は、マットの外側で準備します。そこから馬の子の背中に手を着いて馬とびを行います。ここではマットを越えて着地することを目標とします。写真のように着地地点にマットを敷くと不安が軽減します。

　これまでの馬とびよりも、馬が遠くにあることで、遠くに着手する必要があります。この運動で、開脚跳びを行うときに必要な、遠く（跳び箱の奥）に着手する感覚を高めることができます。

2 ○点馬とび

「〇点馬跳び」は、馬とびを点数化し、お互いに評価し合う運動です。
　この学習を通して、開脚跳びに大切な**踏みきり**・**着手**・**着地**の感覚を高めていくことができます。

①１人馬とびか、２人馬とびかをこれまでの感覚をもとに決めます。
②マットの縫い目の何本目まで跳べるかに挑戦します。
③着地で何秒（最高３秒）止まることができるかを判定してもらいます。

　馬の人数、着地した場所、着地の安定感を点数化することで夢中になって取り組むことができます。挑戦を繰り返すことで、感覚が高まっていきます。

> 得点の例→　馬の人数　×　着地した縫い目　+　着地で止まった時間

　写真のように、助走が取れないように、なるべく壁寄りに場を設定します。このような細かな配慮も安全に取り組むためには大切です。また、馬の高さに関しても、試技する子に選ばせましょう。高さではなく、しっかり馬を押して跳び越えることや、ピタッと着地できることに価値をおきます。
　このように、跳び箱を出さなくても、開脚とびと同様の運動に取り組むことができるのです。

15 跳び箱運動の教材例③

1 マット越しうさぎとび
2 かかえ込み馬とび
3 高さ転がり
4 台上前転

1 マット越しうさぎとび

「マット越しうさぎとび」は、かかえ込み跳びにつながる運動です。

　マットの外側で構えます。できるだけ遠くに着手して、うさぎとびを行います。両足でしっかりと着地をします。「マット越し」となっていますが、跳び越すのは簡単ではありません。まずはマットの中でお尻や手を着かずに着地をすることを目標に取り組んでいきましょう。

2 かかえ込み馬とび

　2人が背中合わせで立ち馬をつくります。その馬の背中を押して、かかえ込み跳びをします。最初は2人の馬を離して恐怖心をやわらげ、かかえ込み跳びの動きを簡易的にでも体験できるようにします。馬とびですので、助走は一歩だけにして、しっかりと腕支持をして体を移動させることを意識しましょう。

3 高さ転がり（選べる高さ転がり）

「高さ転がり」は、重ねたマットの上での前回りをする運動で、台上前転につながる教材です。重ねたマットの上で回るので「柔らかい」「幅が広い」「奥行きがある」というように、子どもたちにとって安心して取り組める条件が揃っています。なので、台上前転に必要な**「腰やお尻を高く上げること」「あごを引いて後頭部を着いて回ること」**に意識を集中させながら、繰り返し取り組むことができます。

慣れてきたら横に跳び箱を置き、選ばせながら取り組んでもよいでしょう。

4 台上前転

高さ転がりで感覚をつかんできたら、台上前転に挑戦しましょう。

しかし、あまり段数を高くしすぎるのは避け、回転の美しさ、着地の精度を追求させましょう。また、踏切板は使わずに挑戦させることで、新しい技能を獲得する必要がなく、スムーズに取り組むことができます。

16 陸上運動の授業づくり

1 陸上運動で大切にしたいこと
2 陸上運動の扱い方
3 ６年間の陸上運動の系統イメージ

1 陸上運動で大切にしたいこと

　小学校学習指導要領解説の体育編では、陸上運動について『「走る」、「跳ぶ」などの運動で構成され、自己の能力に適した課題や記録に挑戦したり、競走（争）したりする楽しさや喜びを味わうことのできる運動である』と書かれています。
　その上で、私が陸上運動の授業づくりで大切にしたいのは、次の３つです。
①全力で走ったり、跳んだりすることに夢中になること
②自分自身の記録を伸ばすことが楽しめること
③仲間と協力しながら競う楽しさを感じること
　まずは、自分の全力を出して、走ったり跳んだりすることができるように運動自体はシンプルにすることを心掛けています。たくさんの道具を出すなど、準備が必要なものはなるべく避け、運動そのものに夢中になれることを重視します。
　その上で、仲間との競走（争）と、自分自身の記録を更新することの両方の楽しさを味わわせながら、意欲が維持できるようにします（仲間との勝敗の勝ち負けだけに焦点化されると子どもたちのモチベーションの低下につながります）。
　また、「仲間と協力しながら競う」ことは、リレーはもちろんですが、走り幅跳びや走り高跳び、ハードル走も個人の記録を得点化することで「仲間と協力する」楽しさや、お互いの技能を高め合う必要感と楽しさを生み出すことができます。

陸上運動は「個人の取り組み」になりがちですが、少しの工夫で「集団としての取り組み」にすることができます。そのように学習に取り組むことで、一人では達成できなかった「個人の伸び」を実感することにもつながっていきます。

2　陸上運動の扱い方

　授業を展開していくときには、先ほども述べたように、シンプルな運動にすることを大切にします。また、記録の伸びが実感できるように、「一番最初の記録との勝負」を基本とします。

　低学年の走の運動遊びでは「かけっこ入れ替え戦」に取り組みます。跳の運動遊びでは「おりかえしの運動」の途中にマットを置き、それを跳び越えるような運動に取り組みます

　中学年からは走り幅跳びや走り高跳びにつながる、川跳びやゴム高跳びに取り組みます。記録を正確に測るよりも、目標に向かって何度も挑戦することができるようにします。また、バトンを使ったリレーも取り組み始めます。

　高学年では、自分の記録の向上はもちろん、チームや仲間の記録が向上するような学びになるように、個人の記録を得点化して、単元を進めていきます。

3　陸上運動の系統イメージ

学年	1 年	2 年	3 年	4 年	5 年	6 年
運動名	おりかえしの運動					
		かけっこ入れ替え戦（50 m走）				
				100 m走		
		回旋リレー	リ　レ　ー（トラックを使用）			
					ハードル走	
			川　跳　び		走り幅跳び	
			ゴム高跳び		走り高跳び	

17 陸上運動の教材例①

1 かけっこ入れ替え戦（50 m走）
2 リレー

1 かけっこ入れ替え戦（50 m走）

「かけっこ入れ替え戦」は、短距離50 m走です。この教材は1度やり方を覚えれば、ほとんどの学年で取り組むことができます。

　教師1人が**スタートの合図**・**決勝判定**・**タイムの計測**をすべて行います。

①スタートの合図

　ゴールの位置に立ち、**手を挙げたときが「用意」、手を振り下ろした瞬間が「ドンッ！」**とします。この約束を確認すれば、声を出して聞こえたか聞こえていないかを心配する必要はありません。

②決勝判定・タイムの計測

　教師はゴールラインの真横に立ち、決勝判定とタイムの計測をします。

　簡単なルールにしておくことで、走ることに集中できます。

　走るポイントは、次の3つです。
　①スタートで先生から目を離さない
　②キョロキョロせずに一か所を見る
　③最後まで走り切る

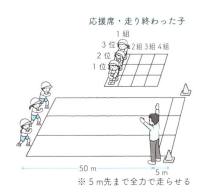

68

まずは、自分の力を出し切る感覚を経験させることが大切です。

　また、取り組む際のシステムとして「入れ替え戦」の方法が有効です。

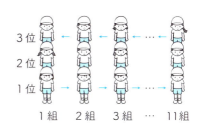

①50ｍ走の記録を計り、記録順に並べて、3人組をつくっておきます。

②走力が同程度の3人組で走ります。

③1位を先頭に縦に並びます。全組が走り終わったら、各組の1位は1つ速い組へ、3位は1つ遅い組へ入れ替えます。1番速い組の1位と1番遅い組の3位は居残りです。こうすることで常に記録が近い同士が一緒に走る状況を作ることができ、高いモチベーションで取り組むことができます。

2 リレー

　「リレー」では、コーナートップやバトンゾーンの基本的なルールを理解しながら、チームで競う楽しさを味わいます。

　コーナートップは、あらかじめ決められた場所を通過した順番に、次の走者が内側から並んで待つルールです。

　チームは、あらかじめ全員の短距離走の記録を計測し、個人記録の合計タイムが全チーム同じになるようにチーム分けをします。（男女混合・8名前後）こうすることで、全チーム記録上は同じ条件で始められるので、不平不満が少なく、意欲的に取り組み始めることができます。

　リレーの入門期には、「バトンゾーンでバトンパスができること」と「順番どおりに走者が出てくること」ができれば、良しとしましょう。

　右下のイラストは場の設定の例です。子どもたちの待機場所をトラックの外側にすると、トラック全体を視野に入れることができ、子どもたち自身がレースの状況を把握しやすくなります。

　またバトンパスは、左手でバトンをもらい、右手に持ち替えて次の走者に渡すようにすることで、バトンをもらう際に、トラックの内側を向くことができ、前の走者をずっと目で追うことができます。

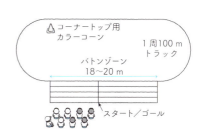

69

18 陸上運動の教材例②

1 ゴム高跳び（走り高跳び）
2 ハードル走（40mハードル走）

1 ゴム高跳び（走り高跳び）

「ゴム高跳び」は、安全に着地するということをベースに、より高く跳ぶことを目指す運動です。小学校の体育授業では、正式な高跳び用のバーや支柱を必ず使わなければいけないとは考えていません。ゴムかバーかの違いで学習する内容、身に付けさせたい運動技能や感覚に違いはな

いと捉えています。なので、高学年でも「ゴム高跳び」をメインの運動教材と考えても良いでしょう。

学習のポイントは以下のことがあげられます。

①**自分の跳びやすい方向（右から助走or左から助走）がわかること**
　低い高さで左右どちらからも跳び、跳びやすい方向を見つけます。
②**自分の跳びやすい助走の距離とスピードがわかること**
　繰り返し取り組む中で助走について意識させます。
③**踏み切りの位置や強さを意識して跳ぶこと**
　周りの仲間に位置を見てもらいながら、ゴムとの距離に着目させます。
④**必ず足の裏で安全に着地すること**
　高く跳んでも足の裏以外が着いたらアウトとし、安全面を意識させます。

振り上げ足（最初にゴムを跳び越す足）や抜き足（後に跳び越す足）の上げ方や、膝の曲げ伸ばしも繰り返し挑戦する中で、少しずつ意識させましょう。

　同じぐらいの身長の4人組で取り組ませ、体のどの高さ（膝・腿・股・へそ・みぞおち・胸）まで跳べるかに挑戦させます。また、棒に目盛りがあれば跳んだ高さを測り、【身長−跳んだ記録＝得点】として個人の得点を算出し、班ごとに合計得点（合計得点が低い班の勝ち）を競わせても夢中になって取り組むことができます。4人1組程度で左のページの写真のような場で何度も何度も取り組ませます。メンバーも固定です。それぞれの課題を解決するためのさまざまな場を準備するよりも、同じメンバーで挑戦を繰り返せるようにします。お互いに運動を観察したり、即時的にアドバイスをし合ったりする方が、学び合いが生まれやすくなるだけでなく、効率よく技能を高めることができます。

　この考えは、走り幅跳びでも同じことが言えます。

2　ハードル走（40 mハードル走）

　左下の図のように間に、ハードルを置かないコースを作ることにより、スタートに戻ってくる途中で仲間の動きが観察しやすくなります。

　ポイントはいくつかありますが、子どもたちが上手だと思う仲間の運動を観察してポイントを見つけ出しても良いでしょう。また、みんなで共通理解したことであっても、自分の動きとは合わないこともあります。自分が一番心地よく、そして速く走るためにどうするかという視点で学習を進めても、教えたい内容と大きくズレることはありません。

　右下の表のように、ハードル走の記録と50 m走の記録を使って、得点化します。得点はグループごとに集計して、グループ得点として競い合います。また、グループの得点をすべて合計して、クラス得点として毎回記録していきます。記録の更新をするために速く走るためのポイントを学んでいきます。

50 m走との差	得点	50 m走との差	得点
＋0.3 秒	7 点	−0.1 秒	11 点
＋0.2 秒	8 点	−0.2 秒	12 点
＋0.1 秒	9 点	−0.3 秒	13 点
±0 秒	10 点	−0.4 秒	14 点

19 水泳運動の授業づくり

1 水泳運動で大切にしたいこと
2 水泳運動の扱い方
3 6年間の水泳運動の系統イメージ

1 水泳運動で大切にしたいこと

　小学校学習指導要領解説の体育編では、水泳運動について『水の中という特殊な環境での活動におけるその物理的な特性（浮力、水圧、抗力・揚力など）を生かし、浮く、呼吸する、進むなどの課題を達成し、水に親しむ楽しさや喜びを味わうことのできる運動である』と書かれています。ここでいう「水に親しむ楽しさや喜びを味わうこと」は、「泳げること」の先にあることだと考えています。少なくとも水に対する恐怖心がある状態は、水に親しむこととは大きく離れているのではないでしょうか。
　その上で、私が水泳運動の授業づくりで大切にしたいのは、次の1つです。
①「6年間で子どもたちが泳げるようになること」
　昨今は、水泳運動の授業を外部委託するケースも増えてきましたが、体育の授業で取り扱う以上、子どもたちを泳げるようにして、水と親しむ楽しさを感じさせたいと考えています。
　学習指導要領解説の体育編の例示では、低・中学年では「泳ぐ」ことに関してあまり記載されていません。しかし、子どもたちの発達や6年間の見通しを考えると、低学年から「泳ぐ」ことを意識した運動に取り組ませる必要があります。また、水泳運動の授業では、技能別に分けて指導することが多く見られます。一見、効率よく考えられていそうですが、水泳が苦手な子同士が一緒に学ぶことになり、全体の技能差が広がるだけです。また、教師の指導のしづらさも如実に表れてしまいます。それだけでなく、1つのプールの中で、さまざまな動き

が出てくるのでエラーが発見しづらく、安全面も損なわれる危険もあります。学校での授業として取り組むものなので、技能差があることを前提に、共通の課題で学習を進め、子どもたちが教え合ったり、励まし合ったりしながら、かかわりのある授業を通して、水泳運動の充実を図ることが望ましいと考えています。

2 水泳運動の扱い方

　授業を展開していくときには、低学年の段階から「泳ぐこと」を意識した運動を学年の発達に合わせながら、スパイラル的に取り組むことが大切です。「もぐる・浮く」はもちろん、「浮いて進む」についても、低学年から高めていく意識をもちましょう。遊びの要素をたくさん取り入れながら、水にもぐったり、水に浮いたりすること繰り返し、なるべく早い段階で水に対する恐怖心を取り除けるようにします。また、運動に取り組む際には、全員が一斉に同じような動きになる運動や、ペアやグループで取り組める運動を積極的に取り入れていきます。これは、一人では不安な子のサポートになるだけでなく、お互いの動きを観察したり、アドバイスをし合ったりしながら技能を高めることにつながります。また、一人だけで運動をすることを避けることができるので、安全に水泳運動の授業を行う上で非常に重要な視点といえます。

3 水泳運動の系統イメージ

学年	1年	2年	3年	4年	5年	6年
運動名	おじぞうさん・カニ歩き・ワニ歩き・ジャンケン列車					
	イルカジャンプ・水中ジャンケン・トンネルくぐり					
	リング拾い・尻タッチ・手つなぎもぐり					
	ダルマ浮き・クラゲ浮き・伏し浮き・大の字浮き			水中花	背浮き	
	腰掛ばた足・かべばた足・ワニばた足・ビート板ばた足					
			ワニクロール・ビート板クロール・手タッチクロール・クロール			
				跳び箱かえる足・かべかえる足・ビート板かえる足・手だけ平泳ぎ・平泳ぎ		

20 水泳運動の教材例①

1 かけっこ・イルカジャンプ
2 おじぞうさん
3 ワニ歩き・ワニばた足
4 かべばた足

　まずは水慣れの運動をいくつか紹介していきます。泳げるようになるためには、水への恐怖心をなくすことが重要です。遊びの感覚で水と仲良くなれるような運動を低学年からたくさん取り組みましょう。

1 かけっこ・イルカジャンプ

「かけっこ」は、水を移動する運動です。顔を水につけることがないので、ほとんどの子が抵抗なく取り組めます。水しぶきを上げながらお互いに水がかかるぐらい、おもいっきり走るように声をかけましょう

「イルカジャンプ」は、体を水に投げ出すので抵抗感があります。はじめはプールに顔をつけることを避ける子もいるかもしれません。少しでも、体を前に投げ出そうとしたことを認めながら、繰り返し挑戦させましょう。

2 おじぞうさん

　おじぞうさんのポーズをとった友だちに水をかけます。頭の上からかかるように、なるべく高くまで水を投げ上げるように声をかけます。おじぞうさん役は時間を決めて交代します。水をかける子が、おじぞうさんに近づきすぎないように取り組ませましょう。

3 ワニ歩き・ワニばた足

浅いプールの底に両手をついて、水中を両足をワニのしっぽのように伸ばしてワニのように進みます。顔が水面近くまでくるので、顔に水がかかることも多く、水に慣れていきます。口元が水につくぐらいの深さになってきたら、「ブクブク」と息を吐きながら進ませましょう。

この運動にばた足を加えれば「ワニばた足」になります。ばた足を加えるだけなので、1年生でも取り組ませることができます。上手にできるかよりも、いろんな動きで感覚を高めていくことと水への慣れを重視します。

4 かべばた足

プールサイドに座って行う腰掛けばた足の次に取り組みます。腰掛けばた足が上手にできていなくても取り組んで大丈夫です。

プールサイドにつかまり、顔を上げたまま足を浮かせてばた足をさせます。かべに対して、手を上下にしてつかまると、比較的体が安定します。最初は力が入り、膝が曲がることもありますが、教師が声をかけたり、腿を持ってサポートしたりしましょう。これも1年生でも十分に楽しむことのできる運動であり、繰り返すことによって技能が高まっていきます。

21 水泳運動の教材例②

1 手つなぎもぐり
2 水中じゃんけん
3 床タッチ

1 手つなぎもぐり

4人1組で手をつなぎ、輪を作って、水の中にもぐります。もぐった時には、**ブー**と水中で息を吐き、水面に顔を出したら、**バッ！**と強く息を吐き出します。

ここでの手をつなぐことは、子どもたちに安心感を与えることだけがねらいではありません。もぐって出た後も手をつないだままにさせることで、顔に水が流れても気にならないようにします。1人では不安でも、手をつないでお互いの顔が見えると、自然と励ます声が生まれ、不安な子も勇気をもって取り組むことができます。

また、もぐる前にお風呂に入るように肩まで沈むように声をかけます。少しずつ水面に近づけば、目線が慣れてきます。不安な子には「あごまで」「口まで」「鼻まで」と自分で目標を決めながら、少しずつもぐるように声をかけます。この小さな挑戦と成功が非常に重要なのです。

2 水中じゃんけん

2人1組になって、水中でじゃんけんをする非常にシンプルな運動です。水中にもぐることや目を開けることを身につけさせる運動です。

初期段階では、「じゃん・けん！」は水に入る前に言ってタイミングを合わせ、「ポンッ！」の時だけ、水中にもぐるようにします。これであれば、苦手な子

も水中にもぐる時間が短いので取り組みやすくなります。

　また、ただ水中じゃんけんに取り組ませるのではなく、「3人に勝ったらゴール」や「じゃんけんに勝ったら、相手の友だちに足でトンネルをつくってもらって、くぐってみよう」とゲーム性のある要素を取り入れることで、楽しみながら繰り返し運動に取り組むことができます。

3 床タッチ

　体の部位を指定して、プールの床につけることに挑戦する運動です。

　水中にもぐることはもちろん、水中で体をコントロールすることを学ぶための運動です。正しく動きを習得するというよりも、継続的に取り組みながら、水中での体のコントロールに慣れていくことが大切です。また、深くもぐるには、体内の空気を減らすことが大事なので、息を吐きながら取り組ませましょう。ただし、勢いよくもぐると床にぶつかることもあるので、**落ち着いてもぐるように**声をかけましょう。

　また、授業で扱う際には、必ず子どもたち全員の動きが見える位置に立ち、指示を出します。また、取り組む運動の種類やタイミングは同じにしましょう。そうすることで、何かエラーがあったときにすぐに見つけることができ、安全に取り組ませることにつながります。

22 水泳運動の教材例③

1 ダルマ浮き　　4 伏し浮き
2 クラゲ浮き　　5 水中花
3 大の字浮き

　ここからは、浮く感覚を身に付け、高める運動です。1年生でどのような運動なのかを伝え取り組み始めますが、6年生まで毎年取り組みます。短い時間で取り組めますし、同じ運動でも慣れてくると感覚が変わってきます。その変化にも気づけるように、継続的に取り組みましょう。
　「あごを引いて、おへそをみること」と「耳まで水中に入れること」はこれから紹介する運動に共通するポイントです。また、肩までしゃがみ、大きく息を吸い込むことからスタートします。

1 ダルマ浮き

　ダルマ浮きは、膝を折りたたんで胸に引きつけて、脚を両腕でかかえ込み、だるまのように体全体を丸くして浮く運動です。

　浮くために、だるまの姿勢になると一度は体が沈みます。しかし、その後、ゆっくりと水面に浮かんできます。それまで焦らずに待つように伝えると安心して取り組むことができます。

2 クラゲ浮き

　クラゲ浮きは、手足の力を抜いて、体を浮かせる運動です。
　水中では余計な力が入ってしまい、体が沈んでしまう子もいます。そこで、水中に顔をつけてもリラックスして浮くことをねらいます。初めは、床に足が

着いてしまう場合もありますが、手足の力を抜くことに慣れることが大事なので、細かく指導しなくても大丈夫です。

3 大の字浮き

　大の字浮きは、文字通り、手足を広げて体を浮かせ、漢字の「大」の文字をつくる運動です。

　手や足を一気に大きく広げ、伸ばすそうとすると力が入ってしまうので、ゆっくりと動かすように伝えましょう。しっかり耳まで水中に入れて、背中側が浮きやすくなるようにしましょう。

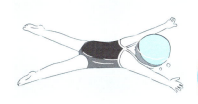

4 伏し浮き

　伏し浮きは、大の字浮きの姿勢から、手と手を重ね、足を閉じ、体全体を一直線にして浮く運動です。

　手を重ねたときに、あごを引いて耳の後ろに腕がくるようにします。泳ぐときの姿勢につながります。

　これらの運動をペアで行い、耳が水中に入っているか、沈んでいないかを相互に確認しましょう。

5 水中花

　数人で手をつなぎ、輪をつくります。手をつないだまま、大の字浮きをします。しばらくすると体が浮き、花のような形になります。人数を少しずつ増やし、クラスで1つの花をつくってみましょう。手をつなぐ安心感があり、楽しく取り組めます。

23 水泳運動の 教材例④

1 いかだ引き・引っぱりばた足
2 手タッチクロール
3 かべかえる足・ビート板かえる足

　学習指導要領解説には、低学年の内容として、泳ぐことに直結する運動は例示されていません。もちろん、小学校1年生に対して、いきなり一人で泳ぐことを求めるのはハードルが高いものです。

　そこで、子どもたち同士のお手伝いを活用します。一人では泳いで進むことができないけれど、お手伝いがあれば泳いで進むことを体験できることが大切です。教師だけではサポートしきれない部分も、子どもたちのかかわりで補うことができます。ペアでの学習を基本とすることで、安全面の配慮だけでなく、技能や感覚を身に付けやすくなります。

1 いかだ引き・引っぱりばた足

　2人1組になり、一人が浮き、一人が手を持って、ゆっくり引っぱります。浮くときには、伏し浮きをイメージさせましょう。お手伝いをしている子は走らずにゆっくりと同じスピードで後ろに引っぱって進みましょう。泳いで進む体験ができます。

　また、浮いている子にばた足をさせることで、水中で前に進む感覚を養うことができます。苦手な子も手を持ってもらうことで安心感が生まれます。

2 手タッチクロール

　クロールの練習もペアで行うことで、技能がぐっと伸びます。

　ばた足と手のかきのコンビネーションにつまずくことが多いので、クロールの動きに慣れるために取り組みます。泳いでいる子にアドバイスや励ましの声をかけながら、お手伝いをしましょう。泳いでいる子はスピードではなく、泳ぎのフォームに意識を向けましょう

3 かべかえる足・ビート板かえる足

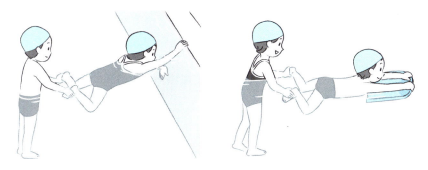

　かえる足は子どもたちにとって難しい技能の1つです。陸上で動きを確認しても、水中だと動きがわからなくなることが多くあります。そこで、手のひらで足の裏を持つお手伝いをしながら、繰り返し取り組み、少しずつ動きを覚えていきましょう。お手伝いで足の動きを見ることも動きの理解につながります。

24 ボール運動の授業づくり

1 ボール運動で大切にしたいこと
2 ボール運動の扱い方
3 ６年間のボール運動の系統イメージ

1 ボール運動で大切にしたいこと

　小学校学習指導要領解説の体育編では、ボール運動について『競い合う楽しさに触れたり、友達と力を合わせて競争する楽しさや喜びを味わったりすることができる運動である』また『主として集団対集団で、得点を取るために友達と協力して攻めたり、得点されないように友達と協力して守ったりしながら、競い合う楽しさや喜びに触れることができる運動（遊び）である。また、基本的なボール操作とボールを持たないときの動きを身に付け、ゲームを楽しむことができる運動（遊び）である』と書かれています。つまり、**「基本的なボールの操作」**と**「ボールを持たない動き」**を学ぶ運動だということです。
「基本的なボールの操作」は、ボールの種類や操作の仕方によって多様ですが、中学年ぐらいまでの以下のことを学ばせたいと考えています。
「相手の捕りやすいところに投げる・捕りやすいボールを胸でキャッチする」
「なるべく遠くに投げる・遠くから投げられたボールを落とさずに捕る」
「相手の捕りにくいところへ強く投げる・強く投げられたボールを捕る・避ける」
　これらの「投げる・捕る」の運動をしっかりと経験させておくことが、「ゴール型」「ネット型」「ベースボール型」の学習の充実につながります。
　また、中学年以降は、上記の３つの型で内容が構成されています。ここで気を付けたいのが、内容を難しく複雑にしすぎないということです。それぞれの型の学習内容（ボールを持たない動き）を以下のようにしぼります。
　ゴール型「相手のゴールに向かってボールを運ぶ（パス中心）」

ネット型「相手のいないところに打つ・ねらったところに力強く打つ」

ベースボール型「おもいっきり打つ（蹴る）・打球を見て考えて走る」

　小学校のボール運動では、本物のスポーツに近づけるのではなく、それぞれの型の一番面白いところを中心に授業を構成していくことを意識していきましょう。クラス全員が取り組めるシンプルな運動に取り組みましょう。

2　ボール運動の扱い方

　授業を展開していくときには、どの学年であっても、1つの運動を5分〜20分程度で扱い、運動の頻度と期間を保証します。

　1時間の中に、いくつもの種類のゲームがあると、準備や移動に時間がかかってしまいます。また、ルールをいくつも同時に理解しなければならず、子どもたちが全員十分に理解して取り組みづらくなります。それでは、技能差や理解の差が広がっていくだけです。

　1時間の中でいくつものゲームに取り組むのではなく、1年間や6年間を見通して、運動を配列することで、取り組む運動が常にメインゲームとなり、子どもたちも夢中になって取り組みながら、学習内容に迫ることができます。

　また、ゴール型のゲームについては、どれも攻撃有利の一方通行型のルールにしています。そうすることで、前の学年で学習した「ボールを持たない動き」を汎用的に使うことができ、全体としてゲームの質が向上し、楽しみながら単元を進めることができます。

3　ボール運動の系統イメージ

学年	1年	2年	3年	4年	5年	6年
運動名	かべぶつけ	はしごドッジボール				
	投げ上げキャッチ・キャッチボール・どこまでキャッチ					
		ボールキック・たまごわりサッカー				
			ディスクパス	バスケシュートゲーム		
			コーンボール	ディスクゲーム	バスケ3on1・4on2	
				ハンドテニス	アタックパス・アタックゲーム	キャッチバレー
				かっとばし・キックベース	バコーン	かっとばし・ティーベース

25 ボール運動の教材例①

1 かべぶつけ
2 キャッチボール
3 はしごドッジボール
4 たまごわりサッカー

1 かべぶつけ

　かべから2〜5mのところにラインを引き、そこからかべに向かってボールを投げます（体育館で行う場合もラインを目印にしましょう）。クラスの全員が届く距離のところから始めます。運動のポイントは大きく3つです。
①おへそをかべに対して横に向ける
②ボールを頭の後ろの方向へ引く
③必ず利き手と反対の足をラインより一歩前に出す
　回数を指定して丁寧に投げさせたり、時間を設定して投げる回数を増やしたり、全員が同じ運動に取り組みながら、技能を高めてきます。

2 キャッチボール

　「体の向き・足を一歩前に出す・相手の胸をめがけて」を意識させ、2人1組でキャッチボールをします。（距離は3〜5m）慣れてきたら、2人の距離を伸ばしてみましょう。「相手のとりやすいところに投げる」から「なるべく遠くに投げる」に同じ学習の場でも、学びを広げることができます。

3 はしごドッジボール

外野2人、内野2人の4人1組で行います。2分程度で内野と外野が交替します。外野は当てたら1点とします。途中、内野は捕ったら1点とすれば捕る動きへの意識が高まります。個人戦にして点数の1番多い子は上の班に、

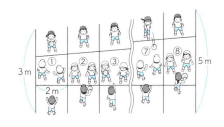

少ない子は下の班に移動します。同点の場合はじゃんけんで勝負を決めましょう。

コートは上の班にいけばいくほど、幅を広くしましょう。投げる手と同じ足を前に出したり、両手で下から投げたりしないように声をかけましょう。

『線を必ずまたいで投げる』というルールにするだけで、理想的な投げ方に近づきます。

4 たまごわりサッカー

ボールをけり、カラーコーンで作った"たまご型"のゴールをボールで割るゲームです。

コーンの間は6～8mぐらい。ゴールまでの距離が5mのところを1点ライン、7mのところを2点ラインとします（子どもの実態に合わせて変えてください）。

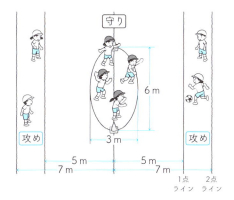

攻撃は、コーンの間を通せば得点となります。①たまごを突き抜けなければ得点にはならない、②頭より上（手を伸ばしても届かない高さなど）のボールは得点にはならないことにします。

守備は、ボールを通されないように、手や足でボールをはじいたり捕ったりして守ります。キャッチした場合には、転がして相手に返します。

3分程度で攻守を交代します。

全員が「ボールをける」運動が経験できます。また、攻撃も守備も仲間と協力して取り組む楽しさと難しさを味わうことができます。

26 ボール運動の教材例②

1 コーンボール
2 ディスクゲーム
3 ハーフコートバスケ（3 on 1・4 on 2）

1 コーンボール

　ゴール型の入門期のゲームです。
　4人1チームとし、攻撃は4人、守備は1人（または2人）でプレーします。
　攻撃はボールをコーンに当てて台から落とせば1点とします。ボールを持ったまま動いてはいけません。パスを繋いでシュートを目指します。
　守備はボールを持っている人から直接ボールを奪うことはできません。
　台の周りのゴールゾーンには攻撃も、守備も入ってはいけません。得点が入ったとき、ボールが守備に取られたときには、スタート位置（ラインでも、コーンでも可）からやり直します。攻守の交代は時間制とします。
　リスタート時のプレーはゴール型ゲームに慣れていない子にとっては難しいものです。あえて、スタート位置は設定しますが、エンドラインやサイドラインを設定しません。
　攻撃が有利になるようなルールにして、全員がシュートを打ち得点するチャンスをつくります。ボールの運び方をパスのみにすることで、シュート場面以外は、「どこでパスをもらえばいいのか」「パスをもらうにはどこに動けばいいのか」に学習を焦点化することができます。これは、ゴール型のゲームに共通する学習内容だと捉えています。

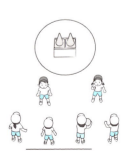

2 ディスクゲーム

　攻撃は4人（固定）、守備は2人（ローテーション）でプレーします。はじめは守備が1人でもOK。ディスクをパスで繋いで、得点ゾーンでキャッチすれば得点になります。パスだけで運ぶので、ディスクを持ったままで移動はしません。

　守備はディスクを持っている人から直接ディスクを奪うことはできません。ゴールゾーンには攻撃も守備も入ってもいいルールから始めます。学習が進む中で実態に応じて変えても構いません。得点を決めるか、相手にパスをとられたら、スタートラインからやり直します。また、ゴールゾーンとスタート位置は設定しますが、エンドラインやサイドラインは設定ません。理由はコーンボールと同様です。攻守の交代は時間制とします。

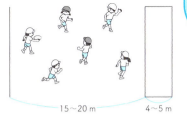

　ゴールに向かうために「どこでパスをもらうのか」を意識させながら、「パスを出した後にどうするのか」「もらえなかったらどうするのか」を中心に学習していきます。

3 ハーフコートバスケ（3 on 1・4 on 2）

　ハーフコートで行うバスケットボールです。攻撃は3人（4人）、守備は1人（2人）でプレーします。パスだけでボールを繋いでシュートを目指します。

　守備は、ボールを持っている人から直接ボールを奪うことはできません。得点を決めるか、相手にとられたら、スタートラインからやり直します。エンドラインやサイドラインは設定しません（安全を考慮しながら）。理由はコーンボールやディスクゲームと同様です。2分程度で攻守を入れ替えます。

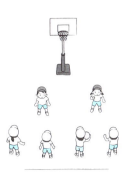

　これらのゲームの根本的なルールは同じです。似たような状況を別の運動で繰り返すことによって、ボールを運ぶためには（パスをもらうには）、どうすればよいのかと言う「ボールを持たない動き」の学習が深まっていくのです。

27 ボール運動の教材例③

1 ハンドテニス（なかよしゲーム→いじわるゲーム）
2 アタックゲーム
3 かっとばしベースボール（けっとばしベースボール）

ハンドテニス（なかよしゲーム→いじわるゲーム）

「なかよしゲーム」では、ラリーを続けることを通して、自分の思ったところに打つ技能や、どこに打てば返球しやすいのかを学習します。ワンバウンドでパスをし合い、ツーバウンドしたら失敗とします。打ち方は、グーでも、パーでも、両手でもOKとします（両手やパーがコントロールしやすい）。
「〇回続いたら合格！」など、目標を設定すれば意欲がアップします。慣れてきたら、一定時間（2〜3分程度）に連続で続いた回数を競います。ただし、競争だけでなく、クラスで記録を合計して集団的達成感を味わうこともできます。

「いじわるゲーム」では、ワンバウンドでボールを打ち合い、相手コートでボールがツーバウンドしたり、相手の返球がコートの外に出たりしたら得点となるゲームです。打ち方は「なかよしゲーム」と同様です。

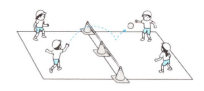

　打ち返すときに、手前か奥か、右か左か、どこが空いているかといった、意図的に打ち返せるようになる声をかけましょう。2人のうち、どちらかだけが打つことを防ぐために、「交互に打ち返さなければいけない」というルールを加えるともできますが、難易度は上がります。棒立ちにならずに、いつでも動けるように準備をすること意識させましょう。

2 アタックゲーム

ネット型の楽しさとアタックを打つことにフォーカスを当てたネット型のゲームです。ラリーがつながることがネット型の楽しさという考えもありますが、私は自分の打ったボールが得点に繋がることが楽しいと考えています。

アタックに特化した対戦型のゲームで夢中になりながら技能を保証し、その上で連携プレイに発展させます。

4人1チームで行います。チームメイトが手で投げ上げたボールを手のひらで打ってアタックします。守備側のコートに打ちこむか、守備がボールをキャッチできず落とした場合に得点が入ります。守備は1人で順番に交代していきます。アタックされたボールを落とさないようにキャッチします。時間で攻守を交代して、得点を多く入れた方の勝ちとします。安全のために明らかにネットタッチした場合は得点にはなりません。

バドミントンコートが2面あれば、4試合同時に行うことができます。

3 かっとばしベースボール（けっとばしベースボール）

ボールをおもいっきり打つ楽しさと自分のバッティングで得点をとる楽しさを味わうベースボール型ゲームです。1チーム4〜6人程度で行います。ティーの上にボールを置き、バットでおもいっきりボールを打ちます。

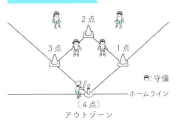

ボールを打ったらボールがアウトゾーンに返球されるよりも早くコーンを回って戻ってくれば得点が入ります。何点を狙うかは、打った距離や守備の動きをみて判断します。仲間が教えてあげてもいいでしょう。

コートは【ダイヤモンド型】と【直線型】があります。【ダイヤモンド型】は、おもいっきり打ち、おもいっきり走って、進めるだけ進み1点でも多く得点を取ることをねらいます。【直線型】は、自分の打球と守備を見ながら、何点なら取れるかを判断しながら走ります。

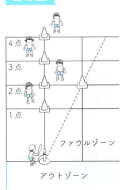

28 表現運動／保健の授業づくり

1 表現運動の内容（学習指導要領解説より）と授業の実際
2 保健領域の内容（学習指導要領解説より）

1 表現運動の内容（学習指導要領解説より）と授業の実際

　表現運動について『自己の心身を解き放して、イメージやリズムの世界に没入してなりきって踊ったり、互いのよさを生かし合って仲間と交流して踊ったりする楽しさや喜びを味わうことのできる運動である』とされています。

低学年：「表現遊び」及び「リズム遊び」
○動物や乗り物などの題材の特徴を捉え、そのものになりきって全身の動きで表現したり、軽快なリズムの音楽に乗って踊ったりする楽しさに触れること
○友達と様々な動きを見付けて踊ったり、みんなで調子を合わせて踊ったりする楽しさに触れること

中学年：「表現」及び「リズムダンス」
○題材の特徴を捉えた多様な感じを表現することと全身でリズムに乗って踊ることを通して、仲間と関わり合いながら即興的に踊る経験を大切にすること
○軽快なロックやサンバなどのリズムに乗って友達と関わって踊ること

高学年：「表現」及び「フォークダンス」
○個人やグループの持ち味を生かした題材の選択や簡単なひとまとまりの表現への発展など、個の違いの広がりに対応した進め方をすること

○日本各地域の民踊ようと外国のフォークダンスで構成され、日本の地域や世界の国々で親しまれてきた踊りを身に付けてみんなで一緒に踊る

2 保健領域の内容（学習指導要領解説より）

ア　健康な生活

　健康の大切さを認識するとともに、家庭や学校における毎日の生活に関心をもち、健康によい生活を続けることについて課題を見付け、それらの解決を目指して基礎的な知識を習得したり、解決の方法を考え、それを表現したりできるようにすること

イ　体の発育・発達

　年齢に伴う変化及び個人差、思春期の体の変化などについて課題を見付け、それらの解決を目指して基礎的な知識を習得したり、解決の方法を考え、それを表現したりできるようにすること

ウ　心の健康

　心は年齢とともに発達すること及び心と体には密接な関係があることについて理解できるようにすること及び、不安や悩みへの対処について課題を見付け、それらの解決を目指して知識及び技能を習得したり、解決の方法を考え、判断するとともに、それらを表現したりできるようにすること

エ　けがの防止

　けがの防止については、けがが発生する原因や防止の方法について課題を見付け、それらの解決を目指して知識及び技能を習得したり、解決の方法を考え、判断するとともに、それらを表現したりできるようにすること

オ　病気の予防

　病気の予防については、病気の発生要因や予防の方法、喫煙、飲酒、薬物乱用が健康に与える影響などについて課題を見付け、それらの解決を目指して知識を習得したり、解決の方法を考え、判断するとともにそれらを表現したりできるようにすること

　このような学習内容を意識しつつ、運動会などで扱う内容と1年間に扱う他の領域とのバランスを考えながら、学習を進めていきましょう。

　さまざまな知識を覚えるではなく、実生活に反映さえることが大切です。

Column

体育授業における教師の"三種の神器"

　教師が体育の授業中に使う道具を紹介します。体育授業における、教師の三種の神器と言ってもいいかも知れません。

「天野式リズム太鼓」

　運動にはリズムがあるので、リズム打ちをすることで動きのイメージをもちやすくなります。鼓面で大小の音の大きさを打ち分けたり、胴や鋲で音の種類を変えたりすることができます。また、リズムを打ちながら子どもたちに声をかけることができますし、ホイッスルのような強制的なイメージが生まれにくい良さもあります。

「記録ノート」

　名簿を貼ったノートを準備します。A5サイズよりも少し小さめのサイズを使っていますが、コンパクトで携帯しやすい大きさが大切です。「A4×1/3サイズ」もおススメです。授業の流れやポイント、子どもたちの運動の回数や記録、取り組み方について書き込みます。子どもたちの伸びを数値としても、具体的な姿としても、記録に残すことが授業改善につながります。

「ストップウォッチ」

　短距離走やリレーなどのタイムの計測、一定時間に何回できるかに挑戦させるとき、活動の時間の目安を計るときなど、多くの場面で使います。ポケットにいつも入れておきたい持ち物です。

　ゲームではタイマーでなく、これで時間を計ります。試合の流れなどを見て、多少のコントロールをすることも可能ですし、子どもたちが時間に気を取られることなく夢中で活動に取り組むことにつながります。

第4章

体育の指導技術

1 子どもの想いを大切にした授業とは

1 子どもから見える体育授業とは
2 できないことができるまで頑張ってみる価値

1 子どもから見える体育授業とは

　ある調査によると、小学生の一番好きな教科は「体育」が1位のようです。一方で、同じ調査の中で、一番嫌いな教科の3位が「体育」でした。

　つまり、体育は、「好かれているけど、嫌われている」教科ということが言え、目の前の子どもたちの中には、体育が好きという子と体育が嫌いという子が一緒に授業に参加しているということです。

　さまざまな理由があると思いますが、良くも悪くも身体活動がメインの学習であり、その運動技能が目に見えることがその一つだと考えています。

　体育が好き、体育が得意という子にとってみれば、そもそも体を動かすのが好きということもあるかもしれません。その上で体育の授業で扱う運動ができる経験、上手くいく経験、技能や記録の伸びを実感する経験が多くあり、それを周りの仲間や教師から認められる機会があることによって、自信をもって体育授業に臨むことができるはずです。

　しかし、体育が嫌い、体育が苦手という子にとってみれば、みんなができていることが自分にはできなかった経験、上手くいかなかった経験、技能や記録の伸びを実感することができないが取り組み続けなければいけない経験が多くあり、自信をもつことができず、精神的にも、技能的にも体育授業を遠ざけたくなっていることが考えられます。

　このような現状の中で、子どもの想いを大切にした授業をするにはどうすればいいのでしょうか。

2 できないことができるまで頑張ってみる価値

　この小見出しだけ読むと、時代に逆行しているのではないか、「ふてほど」ではないかと思うかもしれません。

　そうではなくて、1年生から6年生までの体育授業を行う教師の誰しもが、「できないことができるまで頑張ってみようかな」という想いを子どもにもたせ続ける体育授業をしていく必要があると考えています。

　体育をこれ以上嫌いにさせないために、「今の自分のできること」で取り組めばいいよと、はじめから個別最適な学び、特に「学習の個性化」にウエイトを置いたとします。体裁としては良さそうですが、子ども自身は次のステップに進むことが難しくなります。それが多くの領域で、毎年続いていったとすれば、当然、できることが増えず、技能の差が広がるばかりで、体育授業はもちろん、運動に対してネガティブになっていきます。そうなってからでは、子ども自身も、教師も改善していくことは簡単ではありません。

　体育に限らず、わからないことがわかるようになること、知らなかったことを知ること、できなかったことができるようになることは、子どもたちが学んでいく上での根本的な想いであり、本能のようなものだと捉えています。

　だからこそ、体育授業の中で、子どもたちに「できた！」を実感させることが大切なのです。この「できた！」は子どもによって差があってもいいと思います。例えば、側方倒立回転なら「腕も膝もピンと真っすぐになって側転ができた！」も「膝も腰も曲がっていたけどお尻を着かずに側転ができた！」も、両方とも「できた！」として認め合える価値づけをすることが大切なのです。

　自分自身が前回よりも少しだけでも伸びていることに気づける姿と、周りの仲間が前回よりも少しかもしれないけれど上手になっていることに気づき認められる姿があることが、子どもの想いを大切にする授業には欠かすことができません。

　そのためには、能力別・習熟度別に分けて授業をすることは避け、取り組む内容を基本的には共通にします。その中での完成度や回数、記録を高めることを重視します。「できない」を「できるかも・できそう」にするために、仲間のお手伝いやアドバイスを促し、小さな「できた！」の成功体験を重ねていくことのできる授業が、子どもの想いを大切にした授業といえます。

② 安全に留意しよう

1 安全を大切にできる雰囲気とルールづくり
2 選択肢が広がれば、リスクは増える
3 教師の明確な判断基準

　体育授業は身体活動が学習のメインです。
　自分の体を精一杯動かしながら、さまざまな運動に挑戦する中で、思いがけずケガをしてしまう可能性があるのが体育という教科です。だからこそ、事故を防ぐための安全に留意して授業を進める義務が我々教師にはあるのです。

1 安全を大切にできる雰囲気とルールづくり

　まずは、安全に授業を行うことに関して、子どもと共通理解を図ることが大切です。取り組み方が雑になったり、勢い任せに取り組んだり、無謀な挑戦を繰り返していれば、自分自身がケガをしてしまう可能性があるだけでなく、周りの仲間にも危険が及ぶ可能性があることをしっかり伝え、そういったことがあった場合には、厳しく指導することを学年のはじめの授業で全員に話し、共通の価値として理解をさせます。一方で、自分自身はもちろん、仲間同士で安全に対して意識をもち、気をつけ合うことで事故は防げることも伝えます。
　これを初めのうちに共通認識しておくことで、全員で安全を守り、安心して授業に臨む雰囲気をつくることができます。
　また、基本的なルールとして、教師が声をかけたときに活動を止めること（声をかけるタイミングを意識する必要はあります。）も確認しましょう。また、安全に関することで話をする場合には、子どもたちを集合させ、腰を下ろして話を聞かせましょう。学習の場に、自分の椅子がないので立ったまま説明をしそうになりますが、落ち着いて話を聞かせることも安全につながります。

2 選択肢が広がれば、リスクは増える

体育の授業の中で「場づくり」が大切だという考えの方は少なくありません。私自身も学習の場は体育授業の充実において、非常に重要な要素であると考えています。

しかし、個別の課題に応じようとして、その「場」が広がりすぎ、選択肢が広がりすぎ、子どもたちを危険に晒してしまっていることがあります。例えば高学年の跳び箱の授業で、個別の課題に応じようと思い、1時間の中で、開脚とび、かかえ込み跳び、台上前転、はね跳びの技に挑戦できる場の設定をしたとします。この場合、それぞれの技の安全面に配慮する事項に違いがあります。全体に1つずつ説明すればよいかもしれませんが、自分事となっていないことに関しては、なかなか説明が入っていきません。しかし、活動をする中で、子どもたち自身が取り組む技を変える可能性はあります。そうなってしまうと、安全面に関して意識しないまま取り組んでしまい、事故やケガにつながる可能性があります。それ以外の運動においても、選択肢が広がることで、教師自身が活動を把握しきれず、十分な指導が行き届かないことがあります。

このような観点からも、教材研究を進め、内容を絞って学習を進めることが重要なのです。

3 教師の明確な判断基準

安全に学習を進めるには、穏やかで共感的な学習集団の雰囲気と「外してはいけないことは外さない」という緊張感と秩序が重要です。

ここで言う「外してはいけないこと」は、危険な行為をしないということです。例えば、準備や片付けの場面でふざけている場合には、厳しく叱ります。特に、重いもの、大きなものを誰かと一緒に運んでいる場合には、ふざけた子だけでなく、一緒に運んでいる子もケガのリスクを負うわけです。この場合、外傷的なケガだけでなく、ケガをさせた・ケガをさせられたというトラブルにも発展します。それらを含めて、しっかりと指導する必要があります。また、仲間が運動中に邪魔をする行為に対しても、すぐにやめさせ、指導をします。

叱る場面では、しっかりと叱り、お互いに嫌な思いをしないように楽しく学習を進めるためには大切なことだと価値を共有し続けましょう。

3 声かけを工夫しよう

1 肯定的な声かけ
2 具体的な声かけ
3 子どもを"つなぐ"声かけ

体育は、指示を出すだけで成立しなくはありません。「○○を準備しなさい」「○○のように取り組みましょう」「はじめ！ おわり！」「じゃあ、片付けましょう」という指示で一通り活動はできます。

しかし、それでは授業が非常に淡白なものになるだけでなく、子どもたちが学ぶ意欲が継続しにくくなります。ただ、授業中の声かけで何を言っていいのかがわからないという先生もいると思います。声かけの段階的な工夫を以下に示します。

1 肯定的な声かけ

「**いいね！**」「**ナイス！**」「**いい感じ！**」「**がんばれ！**」

このように、まずは難しく考えすぎず、肯定的で前向きな声かけから始めてみましょう。私の初任のころはそうでした。

特に専門的な技能面でのアドバイスでなくてもいいのです。教師が声を出すこと、出し続けることで授業の雰囲気はガラリと変わります。特にそれが肯定的で前向きな声であれば、その影響を受けて、子どもたちも教師と同じような声を仲間にかけるようになります。「いい声をかけてあげようね。」と言うよりも、教師の発している言葉をモデルにして真似するようになっていきます。また、言葉だけでなく、指でのOKサインや拍手も効果的です。

子どもたちを応援する「サポーター」のようなつもりで、いいところを見つけ、ほめていき、自信をもたせましょう。

2 具体的な声かけ

「膝の伸びが、いいね！」「よく周りを見たのが、ナイス！」
「今のアドバイスも具体的で良かったね！」

　子どもたちに声をかけること、授業中に教師が声を出すことに慣れてきたら、次のステップを目指しましょう。次は、教師が見たものを、具体的に言葉にして、声をかけることです。

　これも専門的に技能面を分析した言葉にする必要はありません。見たままを言葉にすればいいのです。「腕の振りがいいね！」「しっかり最後までマットを見ていたね！」「着地をピタッと止められたね！」「今、思い切ってシュートを打ったのが良かったよ！」というように、何が良かったのかを伝えることが大切です。そうすることで、子どもたちは自分の動きが価値づけされ、良い動きを意識的に再現しようとするのです。

　子どもたちの動きを「実況中継のアナウンサー」のようなつもりで、具体的に言葉にして、子どもたち自身に良い動きを意識しながら取り組めるようにしましょう。

3 子どもを"つなぐ"声かけ

「どんなことに気を付けたの？」「どこが難しい？」
「誰かアドバイスしてくれる子いない？」

　これまでの声かけは、子どもたちが自信をもって取り組むことにつながる前向きで肯定的な声かけでした。最後に紹介するのは、子どもたちに授業の中での学び合いを支える声かけです。

　授業中、上手くいかないことに直面している場合に、教師が修正すべき点を見つけて、的確なアドバイスをして、劇的に改善されれば良いのですが、それがいつもできるとは限りません。また、教師の働きかけばかりになってしまうと、教師の言葉を待つ子どもが増えて、教えられるのを待ってしまうことが考えられます。その際に、子どもと子どもをつなぐような声かけをすることで、子ども同士で課題や問題を解決しようとする姿が見られるようになります。

　子どもの動きから「インタビュワー」のように、仲間とつなぎ、学び合うを促す声かけも非常に有効です。

第4章 体育の指導技術

体育の班編制

1 基本は身長順で年間固定！
2 班編制と並び方のメリット

1 基本は身長順で年間固定！

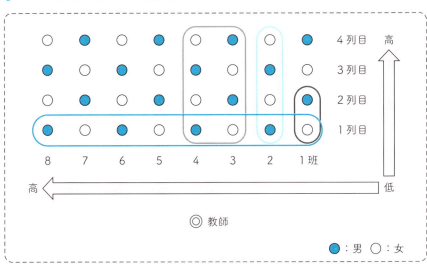

　体育の授業の際の、班編制（グループ編成）に悩むことがあると思います。また、体育館や運動場で集合したり、整列したりする際の並び方についても、男女各2列で縦長に並ぶことがあたり前になっているのではないでしょうか。

　私はこの図のように、身長順の4人1班で班編制をし、この隊形で並びます。1班の1列目が一番身長の低い子、8班の4列目が一番身長の高い子という形になります。基本的には班は1年間固定です。

この隊形で並ぶと、前後でペア、縦4人で似た体格の班、隣同士が合わさって体格の近い8人組、横8人で体格の違う8人組と、学習するグループも機械的に分けることができます。

2 班編制と並び方のメリット

まずは、体格が似ている同士なので、鉄棒や馬とびの高さを班の中で変えなくてよいことです。また、また、お互いに体格が近いので、子ども同士のお手伝い（補助）が可能であることがメリットとしてあげられます。仲間の動きやお手伝いの子が感じる重さが変わってきていることをお互いに気がつき、フィードバックしやすいことも大きな利点です。「〇班、全員できました！」「〇〇くんができるようになったよ！」「〇〇ちゃんはお手伝いが軽くなってきたから、もう少しだよ！」という子どもたちの声が生まれやすくなるのも特長の一つです。いつも決まった活動班で学習し、お手伝いをし合っているからこそ、それぞれの技能の伸びに気づき、頑張りを認め合うことができます。また、領域を越えてお手伝いをし合うことで相互理解が深まっていきます。それは、安心して学習に取り組むことにつながります。

また、横に広く、縦に狭く整列させることで、子どもたちは身長に関係なく話が聞きやすくなります。また、教師は全体を見やすくなります。授業開始の集合もこの隊形です。

1年間、班を変えないので人間関係が固定化するのではという心配もあるかと思いますが、お手本や個々の伸びを確かめる場合は全体で共有するので大きな問題はありません。

人数によっては、キレイにこの通りにならないと思います。意識する条件としては、以下の3つです。

①体格が近い子ども同士がペアや班になっていること
②縦の4人班の中に男女がいること
③全体の班の数はなるべく偶数になること

すぐに使える授業技術の1つです。ぜひ、試してみてください。

5 ノートを使って学びを残す

1 基本はノートを使う
2 実際のノートはこちら

　体育の授業の際に、ワークシートを作成し、ファイルに綴じたり、台紙に貼ったりして学習の記録を残すことが一般的なように思います。
　作ることに慣れていればいいのですが、毎時間、準備するのは大変ですし、他の授業の準備を考えると効率よく進めたい部分ではあります。

1 基本はノートを使う

　体育の授業でも、他の教科と同じようにノートを使います。右の図のように使うように指導しています。
　1回の授業で半ページ（真ん中に線を引く）。
〇日付、授業の回数、内容、考えたことなどを記録させる。
　これは、低学年から高学年まで書き方は一緒です。もちろん、高学年になれば、自分で見やすいように工夫する子どももいます。もし、プリントがあるときには、書いているほうと反対側から貼っていきます。
　ノートにすることで自分の伸びを継続的にとらえることができます。そして、ノートはなくしてしまうことがほとんどありません。また、毎回同じノートに同じ方法で記録していく方が、子どもたちは混乱がなく、体育授業の学習の一つとして習慣化することができます。

```
10月8日(月)　□回目
①リレー（1回目）
②空中逆上がり（3回目）
〈考えたこと・振り返り〉

10月10日(水)　△回目
①リレー（2回目）
②空中逆上がり（4回目）
〈考えたこと・振り返り〉
```

ノートは、低学年であれば**B5サイズの横線が入っている22行のノート**がオススメです。マス目がないので、文字数を考えずに書くことができるからです。学年が上がれば、**B5サイズの5mm方眼のノート**でも良いでしょう。他の教科でも使っていれば、使い慣れているので書きやすく感じるはずです。

　書くタイミングとしては、授業の最初にその日の取り組む内容を書きます（①、②の部分）。授業の終わりに考えたことや振り返りを書きます。あまり長い時間は取らずに2～3分ぐらいにします。また、回数や記録などはその都度書くようにすれば忘れることはありません。

2　実際のノートはこちら

　ここまでたくさん書く必要はありませんが、このような形で学びを残すように指導していきましょう。

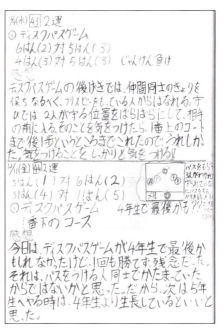

第 5 章

体育の学習評価

1 学習評価は何のために行うの?

1 「学習評価」の目的は何なのか?
2 指導と評価の一体化

1 「学習評価」の目的は何なのか?

「評価」という言葉が出てくると、急に身構えてしまうことはありませんか。それは「評価」の捉え方に原因があると考えています。

では、まず、「学習評価」の目的は何なのでしょうか。「評価＝子どものA・B・Cや3・2・1、学期末の通知表」などの判定や審査するようなイメージがあることは事実だと思います。しかし、「学習評価」の目的は、それだけではありません。国立教育政策研究所から出されている『学習評価の在り方ハンドブック（小・中学校編）』には、以下のように書かれています。

> 学習評価は、学校における教育活動に関し、児童生徒の学習状況を評価するものです。「児童生徒にどういった力が身に付いたか」という学習の成果を的確に捉え、教師が指導の改善を図るとともに、児童生徒自身が自らの学習を振り返って次の学習に向かうことができるようにするためにも、学習評価の在り方は重要であり、教育課程や学習・指導方法の改善と一貫性のある取組を進めることが求められます。

つまり、「児童生徒にどういった力が身に付いたか」を的確に捉えることはもちろん、その結果を通知表などで児童生徒に伝えるだけではないのです。的確に捉えた上で、児童生徒自身が自らの学習を振り返って次の学習に向かうことができるようにすることが大切なのです。そして、その学習評価をもとに教師自身が指導の改善を図ることも重要な目的なのです。

2 指導と評価の一体化

「学習評価」と言っても、何も指導せずに評価をすることはできません。特に体育の場合は、活動をさせて、その結果のみを評価してしまっては、子どもたちの次の学習にもつながりませんし、教師の指導の改善もできません。すなわち、よく言われることですが、授業を「学習指導」と「学習評価」の両輪で進めること、一体化させていくことが大切なのです。

先程の資料には、以下のように書かれています。

> 日々の授業の下で児童生徒の学習状況を評価し、その結果を児童生徒の学習や教師による指導の改善や学校全体としての教育課程の改善、校務分掌を含めた組織運営等の改善に生かす中で、学校全体として組織的かつ計画的に教育活動の質の向上を図っています。このように、「学習指導」と「学習評価」は学校の教育、活動の根幹であり、教育課程に基づいて組織的かつ計画的に教育活動の質の向上を図る「カリキュラム・マネジメント」の中核的な役割を担っています。

では、「学習指導」も「学習評価」も、子どもたちをよりよく成長させるために行われる教育活動の根幹ですが、これはいつどのように行っているものなのでしょうか？　その最前線が日々の授業場面です。そして、多くの教師は指導と評価を授業の中で繰り返しながら、子どもたちを成長させ、授業改善を図っているのです。

例えば、マット運動の側方倒立回転の授業。①基本的な動きを共通理解させた上で、班ごとに運動に取り組ませます（指導）。②しばらく運動を観察し、運動の理解が進んだので想定していた時間よりも早く全体を集合させます（評価→授業改善）。③より美しく側転を行うにはどうすれば良いかを意見交換し、情報を共有します（指導）。④再度、班ごとの活動に取り組ませ、授業のはじめよりも全体で確認した情報をもとに意図的に動きを改善しようとしていれば、それを価値づけし、声をかけます（評価）。このように、1時間の授業中にも指導と評価が一体化している場面があるのです。

※国立教育政策研究所『学習評価の在り方ハンドブック（小・中学校編）』引用

2 「評価規準」って何?

1 「評価規準」と三つの柱
2 「観点別学習状況」と「評定」
3 評価規準の具体

「評価規準」と三つの柱

「評価規準」とは、各教科の「観点別学習状況の評価を的確に行うため、学習指導要領に示す目標の実現の状況を判断するよりどころを表現したものである」とされています。つまり、学習の状況を観点別に評価する際に「どんな点に着目して評価をするか」を整理したものと言えます。

平成29年改訂 学習指導要領においては、知・徳・体にわたる「生きる力」を児童生徒に育むために、各教科等の目標及び内容を「知識及び技能」、「思考力、判断力、表現力等」、「学びに向かう力、人間性等」の育成を目指す資質・能力の三つの柱で再整理されました。そして、知・徳・体のバランスのとれた「生きる力」を育むことを目指すに当たって、①各教科等の指導を通して**どのような資質・能力の育成**を目指すのかを明確にしながら教育活動の充実を図ること、②資質・能力の**三つの柱の育成がバランスよく**実現できるようことが必要になりました。

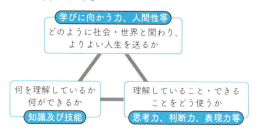

そのために、各教科、各学年における目標を達成したかどうかを「評価規準」を作成して評価していきます。

2 「観点別学習状況」と「評定」

　学習指導要領の目標及び内容が4観点から3観点に整理されたことを受けて、観点別学習状況の評価についても同様に整理されました。

［平成20年改訂］	［平成29年改訂］
関心・意欲・態度	知識・技能
思考・判断・表現	思考・判断・表現
技能	主体的に学習に取り組む態度
知識・理解	

　学習評価においては、学習状況を分析的に捉える「観点別学習状況の評価」と、これらを総括的に捉える「評定」の両方について、学習指導要領に定める目標に準拠した評価として実施するように定められています。

　『観点別学習状況』は、その実現状況を観点ごとに「『十分満足できる』状況と判断されるもの：A」「『おおむね満足できる』状況と判断されるもの：B」「『努力を要する』状況と判断されるもの：C」のように表します。

　『評定（第3学年以上）』は、各教科の目標に照らして、その実現状況を「『十分満足できる』状況と判断されるもの：3」「『おおむね満足できる』状況と判断されるもの：2」「『努力を要する』状況と判断されるもの：1」のように表します。

3 評価規準の具体

　ここまでは、評価規準の総論について述べてきました。

　実際、評価規準は「内容のまとまりごと」に作成することになっています。

○「**知識・技能**」のポイント

「知識」については「～の行い方を知っている。」として、「技能」については「～の動きを身に付けている。」として、作成することができます。

○「**思考・判断・表現**」のポイント

「思考・判断」については「～工夫している。」として、「表現」については「考えたことを友達に伝えている。」として、作成することができます。

○「**主体的に学習に取り組む態度**」のポイント

「主体的に学習に取り組む態度」については、「～進んで取り組もうとし、順番やきまりを守り誰とでも仲よく運動をしようとしていたり、場や器械・器具の安全に気を付けたりしている。」として作成することができます。

※国立教育政策研究所『「指導と評価の一体化」のための学習評価に関する参考資料　小学校 体育』（2020、東洋館出版社）参考・引用

3 「指導に生かす評価」と「記録に残す評価」はどう違う?

1 指導に生かす評価
2 記録に残す評価
3 どのように記録に残すか

　そもそも「学習評価」は、教師が指導の改善を図ることと、児童生徒自身が自らの学習を振り返って次の学習に向かうことができるようにすることが目的であるのは先述した通りです。その上で、評価を「指導に生かす評価」と「記録に残す評価」に分けながら考えてきます。

1 指導に生かす評価

「指導に生かす評価」は、教師が授業中に即時的に繰り返し行っているものです。その目的は、その授業の中での子どもたちの学びを評価(フィードバック)し、授業が充実したものになるように絶えず授業を自己評価するものです。

　バスケットボールの授業を例にしてみます。試合形式の学習をしているときに、それがスムーズに行われているか、困っている子がいないかを観察(モニタリング)します。その際に、トラブルになっている場面を見つけることがあると思います。全体として問題になることか、その集団だけの問題なのか、教師の説明にわかりづらさがなかったか、そこで介入するか、活動を止めて全体で確認するかなど、その状況を即時的に分析して、教師が対応します。もちろん、トラブルへの対応だけでなく、子どもが学習の課題解決に向けて一生懸命に取り組んでいたり、仲間への励ましやアドバイスを積極的に行っていたりすれば、肯定的なかかわりで対応します。つまり、子どもの学ぶ姿を観察・分析し、その場面での最適解の対応をし、小さな授業改善を行うことが「指導に生かす評価」だと考えています。

さまざまなケースがあるので、これらの内容は指導案などにすべて記載することは難しい部分です。それでも、「子どもの姿が答えである」という前提で授業に臨み、子どもたちの資質・能力を伸ばしていくことは教師の大切な役割なのです。

2　記録に残す評価

　子どもの学びの成果を客観的に捉える必要があります。そのために、観点別学習状況の評価に関する「記録に残す評価」があります。しかし、これを毎時間、全員の評価を記録することは現実的ではありません。

　また、「知識・技能」を毎時間の記録を評価として評定などに反映さることは避けなければいけません。当然単元の前半は満足できる状態ではないことが予想されます。単元が終わったときに満足できる状態になったとしても、毎時間の評価を足し算のように評定の材料にしてしまった場合、正しい評価をしているとは言えません。つまり、十分指導した上で、単元の最後に子どもがどのような姿になったのかを客観的に評価することが重要なのです。他の観点についても、いつ、どんな場面を評価するのかをイメージしておくことが大切です。

　それに関連して、単元計画も現実的に考えることも必要です。毎時間、3つの観点について細かく全員を評価するような計画は机上の空論です。また、一発勝負で評価するのも子どもの姿を正しく捉えられるかは不安です。

　ですので、「内容のまとまり」の中で評価をしていくという構えが望ましいのではないでしょうか。子どもの学びは、「行きつ戻りつ」の繰り返しです。特に体育は運動技能のパフォーマンスがいつも安定して発揮できるとは限りません。単元を通しての子どもの姿を受け取り、評価していきましょう。

3　どのように記録に残すか

　子どもたちの運動の記録（回数、タイム、得点）や様子を教師が名簿に残したり、器械運動の場面を映像に残したりして教師が残すものがあります、また、子どもたちの毎時間のノートの記述、チームごとのワークシートなど子どもたちが学びの履歴として書き残しているものもあります。多面的、多角的に子どもの学びをとらえることが大切です。

4 「知識・技能」の実際

1 「知識・技能」の大枠
2 現実的な「知識」
3 現実的な「技能」

1 「知識・技能」の大枠

まずは、「知識・技能」についての教科の目標と評価の観点について整理をします。

目標	評価の観点
その特性に応じた各種の運動の行い方及び身近な生活における健康・安全について理解するとともに、基本的な動きや技能を身に付けるようにする。	各種の運動の行い方について理解しているとともに、基本的な動きや技能を身に付けている。また、身近な生活における健康・安全について実践的に理解しているとともに、基本的な技能を身に付けている。

目標に対して、評価の観点が表されていることがわかります。
「知識・技能」ですが、「知識」と「技能」と見ることができます。
「知識」については、運動の行い方について理解しているかについて、身近な生活における健康・安全について実践的に理解しているかについて、評価をするということです。
一方、「技能」については、基本的な動きや技能を身に付けているかについて、健康・安全について基本的な技能を身に付けているかについて、評価をするということです。

2 現実的な「知識」

運動領域に関して、「各種の運動の行い方について理解している」とは、どのような姿なのでしょうか。この言葉だけで考えると、運動のやり方や方法を理解している姿と言えます。では、実際の授業ではどうでしょうか？

指導と評価の一体化を考えたとき、運動に関して、やり方や方法だけを教えることはほとんどないはずです。「できない」から「できる」にするにはどうすればよいのか、どこを気を付ければよりよい動きになっていくのかなど、運動の技能が身に付き、高めていくためのコツやポイントも学習していくはずです。「肘を伸ばして、目線を意識すれば逆立ちが安定するんだ！」「足を掛けたタイミングで頭も後ろに倒すといいんだ！」「相手のいないところでも、味方から離れすぎていたらパスはもらえないんだ。」なども、体育における知識と捉えることができるのではないでしょうか。

3 現実的な「技能」

「基本的な動きや技能を身に付けているか」を評価する際に重要なのは、何をどう取り組ませたかです。評価規準もそうですが、そもそも取り組んでいる学習が違っていれば、指導と評価は一体化にはなりません。何を言いたいのかというと、技能差を意識しすぎてしまい、取り組む課題そのものがバラバラになってしまうことを危惧しています。

あくまでも共通課題があり、その中での目指すべき姿を選択させる考えが必要になります。

その上で、技能をどう見取るのかが大切です。技能は単元の最初と最後では当然違ってきます。単元の途中の技能は、あくまでも子どもの伸びに生かされる評価であるべきです。何が上手くいっていて、何が課題なのかを把握させることは学びを高めるためには必要なことです。それらを経過して、子どもたちが自分自身の伸びを自覚化し、技能の高まりを実感できるように評価しましょう。その単元を通して、どのような姿になったのかを、映像や記録をもとに客観的に評価することが、子どもの次の学びへとつながります。

⑤ 「思考・判断・表現」の実際

1 「思考・判断・表現」の大枠
2 現実的な「思考・判断」
3 現実的な「表現」

1 「思考・判断・表現」の大枠

まずは、「思考・判断・表現」についての教科の目標と評価の観点について整理をします。

目標	評価の観点
運動や健康についての自己の課題を見付け、その解決に向けて思考し判断するとともに、他者に伝える力を養う。	自己の運動の課題を見付け、その解決のための活動を工夫しているとともに、それらを他者に伝えている。また、身近な生活における健康に関する課題を見付け、その解決を目指して思考し判断しているとともに、それらを他者に伝えている。

これも目標に対して、評価の観点が表されていることがわかります。
「思考・判断・表現」ですが「思考・判断」と「表現」と見ることができます。「思考・判断」については、自己の運動の課題を見付け、その解決のための活動を工夫しているかについて、身近な生活における健康に関する課題を見付け、その解決を目指して思考し判断しているかについて、評価をするということです。
一方、「表現」については、思考し判断したことを他者の伝えているかについて、評価をするということです。

2 現実的な「思考・判断」

　運動領域に関して、「自己の運動の課題を見付け、その解決のための活動を工夫している」とは、どのような姿なのでしょうか。この言葉だけで考えると、自分で運動の課題を発見し、その課題解決のために工夫している姿と言えます。では、実際の授業ではどうでしょうか？

　これは、「知識」と関連しますが、運動のコツやポイントを見つけるために考えることが「思考・判断」だと捉えています。考えるというのは、自分や仲間の運動を観察して考えたり、回数や記録から考えたり、仲間との対話を通して考えたりすることです。自己の「運動課題」ではなく、「運動の課題」なので、共通した運動の動きの中から、自分が伸ばしたい部分、改善したい部分を見付け、その課題を解決するために考えることが思考・判断です。考える時間や作戦タイムを設ければよいのではなく、そもそも子どもたちに課題意識をもたせることが大切です。だからこそ、他者との比較をして課題を見出しやすい共通の課題で授業を構成していくことに意味があるのです。

　課題がハッキリすれば、子どもたちは常に思考し、判断しながら運動学習に取り組むことができるのです。「身体知」という言葉があるように、子どもたちは頭の中で考えていることと、実際の体の動きとを往還させながら、学びに向かっているのです。

3 現実的な「表現」

「他者に伝えているか」については、そのような場面が生まれるようにしていくことが大切です。理想としては、「伝えましょう」と教師が指示を出したり話し合いの時間を設定したりするのではなく、自然と子ども同士が伝え合いながら学習している姿です。

　これらを評価するには材料が必要です。話し合い場面での様子や運動中に仲間にかけるアドバイスをメモに残して記録します。また、子どもが書く**ノート**も大切な材料です。体育の場合、ワークシートにしている場合が多いかもしれませんが、学びの履歴（記録・気づき・考え）が継続的に残っていくので、子どもにとっても、教師のとっても有効な手立てです。

「主体的に学習に取り組む態度」の実際

1 「主体的に学習に取り組む態度」の大枠
2 現実的な「主体的に学習に取り組む態度」

1 「主体的に学習に取り組む態度」の大枠

　まずは、教科の目標である「学びに向かう力、人間性等」と、評価の観点である「主体的に学習に取り組む態度」について整理をします。

目標	評価の観点
運動に親しむとともに健康の保持増進と体力の向上を目指し、楽しく明るい生活を営む態度を養う。	運動の楽しさや喜びを味わうことができるよう、運動に進んで取り組もうとしている。また、健康を大切にし、自己の健康の保持増進についての学習に進んで取り組もうとしている。

　これまでの「知識・技能」や「思考・判断・表現」とは少し違います。「学びに向かう力、人間性等」には、観点別評価ができる「主体的に学習に取り組む態度」と、観点別評価や評定にはなじまない、感性や思いやりなどの「個人内評価」があります。
　「個人内評価」は、一人一人のよい点や可能性、進歩の状況などを、積極的に肯定的に評価し、子どもたちに伝えることが重要なのです。
　「主体的に学習に取り組む態度」については、次のページのイメージを参考にしてください。

「主体的に学習に取り組む態度」の評価のイメージ

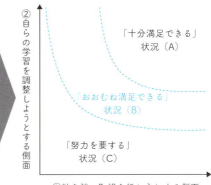

○「主体的に学習に取り組む態度」の評価については、①知識及び技能を獲得したり、思考力、判断力、表現力等を身に付けたりすることに向けた粘り強い取組を行おうとする側面と、②①の粘り強い取組を行う中で、自らの学習を調整しようとする側面、という二つの側面から評価することが求められる。

○これら①②の姿は実際の教科等の学びの中では別々ではなく相互に関わり合いながら立ち現れるものと考えられる。例えば、自らの学習を全く調整しようとせず粘り強く取り組み続ける姿や、粘り強さが全くない中で自らの学習を調整する姿は一般的ではない。

このイメージにあるように、「知識・技能」「思考・判断・表現」を身に付けるための粘り強い取組を行おうとする側面と自らの学習を調整しようとする側面の二つの側面から評価していくことが求められています。

2 現実的な「主体的に学習に取り組む態度」

実際には、子どもの姿をどう見取るのかという教師の目、教師の構えが大切になります。

キーワードは「〜している」と「〜しようとしている」です。

ノートの記述や授業中の発言、行動の観察や子どもの自己評価や相互評価の状況を多面的にとらえながら評価していきます。その際に、授業の中で「〜している」姿だけではなくて、「〜しようとしている」姿を即時的にもフィードバックします。

それは、体育の教科特性として、「〜しようとしたんだけど、上手くいかなかった」という場面が多くあり、いつでも上手くいくとは限りません。結果として上手くいったことだけを評価すれば、子どもたちはどんどん失敗を恐れて、挑戦することをためらい、学びに対してネガティブになっていきます。だからこそ、教師は子どもたちが「〜しようとしている」姿に敏感になり、小さな挑戦を応援し、認め、励まし、学びへの意欲を支える使命があるのです。

第 6 章

Q & A

準備運動には何をすればいいですか？

慣れている運動で心と体の"スイッチON!"

　体育係さんが出てきて、「屈伸！　イチ、ニッ、サン、シッ！」と号令をかけながら、一斉に"準備体操"に取り組むことから始める体育授業を多く目にします。というより、このような形式が一般的で、体育の誤った常識になっていると感じています。ある地域では、このような"準備体操"を必ずやりなさいと言われていると聞いたことがあります。

　私の授業では、この準備体操はやりません。私は、**「子どもたちが慣れていて、大きな危険のない運動」**を準備運動と捉えています。そして、その準備運動にも意図をもたせ、授業の中で貴重な時間と捉えています。準備運動の目的は**「心と体のウォーミングアップ」**と**「基礎感覚・技能を耕すこと」**です。

　教科の目的である「体の基礎的・基本的な動き（運動感覚・技能）を身に付け、高める」には、子どもたちに経験値を高めさせることが大切で、限られた授業時数の中の準備運動を有効に使いましょう。

　マット運動であれば"かべ逆立ち"や"おりかえしの運動"、鉄棒運動であれば"前回りおり"や"だんごむし"、跳び箱運動であれば"馬とび"、ボール運動であれば、"キャッチボール"など、既習の運動からテンポよく始めます。４年生以上であれば、体育館でのバスケットの"シュートゲーム"（シュートだけを２人で交替で打ち合う）も有効です。バスケットボールには関係のない運動に取り組む際も、ウォーミングアップとしては万能なので取り入れています。領域に関連しなくても、慣れていて、危険がなくて、将来的に取り組む運動につながっていることが大切です。

　これらの小さな積み重ねが、子どもたちの活動量、運動経験値を保障し、基礎感覚・技能を耕すことにつながります。もう形式的なものはやめましょう。

教師はどこに立ち、何を見ますか?

 アップとルーズで子どもを見る!

　体育の授業の場は、子どもたちの机や椅子がありません。
　安全面はもちろん、授業効果を上げるためにも、子どもたちの動かし方や教師の立ち位置、見る視点などを整理しておきましょう。

〇子どもたちの集め方

　お手本の児童の観察をするときや全体に話をする際に、子どもたちを集めることがあります。「**見やすい・聞きやすい場所**」「**危険がない場所**」という条件で場所を探すように促しています。近づきすぎてしまっている場合は声をかけますが、自分で考える余白をつくることは大切です。また、「**自分の後ろに人がいなければ立ってもOK**」にしています。ただし、太陽の光でまぶしくないように、太陽の位置には気をつけましょう。

〇教師の立ち位置と見るべきポイント

① 　クラス全体を見る

　授業の序盤は、クラス全体の活動が見られる位置に立ちます。子どもたちの活動がスムーズかどうかを確認します。1点から定点観測するのではなく、全体が見える位置を変え、さまざまな角度から全体を把握するように努めます。

② 　グループを見る

　クラス全体で大きな問題（認識の違い、指示の受け取り違い等）なしと判断できたら、グループの活動に目をうつしましょう。グループ内の関係性、かかわり方に注目しながら課題に向かっているかを確認します。できるだけ動きながら観察し、子どもたちに気づいたことを言葉にして伝えましょう。

③ 　あの子を見る

　その後、個人に焦点を当てます。初めから、全員をじっくり見るのは難しいので、3～5人程度、あらかじめ決めておくのも大切です。困り感を把握したり、励ましたり、教師の補助をしたり、個の学びにかかわっていきましょう。

Q3 技能差にはどう向き合えばいいの?
(個別最適な学び? 協働的な学び?)

「見えにくくする授業」から「ある前提で生かす授業」へ

　体育は身体活動がメインとなり、教師からはもちろん、仲間同士でも技能の差が目に見えます。一斉指導で授業を進めていく上で、子どもたちの技能差とどのように向き合うのかは教師にとって大きな課題と言えます。

　だからこそ、重要になってくるのは、技能差を見えにくくするのではなく、**技能差がある前提で授業を構想する**ことです。

　これは、「個別最適な学び」や「協働的な学び」とも関連してくる部分です。これらの言葉の捉え方と共に、技能差との向き合い方について整理します。

　体育授業における「個別最適な学び」、特に「指導の個別化」の私なりの捉え方を示していきます。「指導の個別化」の目的は、全ての子供に**基礎的・基本的な知識・技能を確実に習得させ**、**思考力・判断力・表現力**等や、自ら学習を調整しながら**粘り強く学習に取り組む態度等**を育成することです。

　そのための方策として、令和3年の中教審答申では、以下のように示されています。

> 教師が支援の必要な子供により重点的な指導を行うことなどで効果的な指導を実現することや、子供一人一人の特性や学習進度、学習到達度等に応じ、指導方法・教材や学習時間等の柔軟な提供・設定を行うこと

　これを受けて、「一人一人」に応じようと選択肢を増やしたり、昔の体育の学習スタイルである「めあて学習」を踏襲していたりして、子供たちが自分に合った課題に取り組ませることを大切にしようとするかもしれません。しかし、自分の技能に合わせた内容にそれぞれが取り組んだ場合に、子供たちの取り組む運動が多様になりすぎて、教師が全体を把握、指導するのが難しくなってきます。また、得意な子同士で意欲的にかかわり合いながら技能を高めることもできるかもしれませんが、苦手な子同士では教え合いが上手くいかず、活動が停滞していくことが予想されます。そうなってしまえば、基礎的・基本的な知識・技能を確実に取得させることは困難です。

　そこで授業の中では**共通課題に取り組むこと**を重視しています。完成度に幅

を持たせつつ、全員が同じ運動に取り組み、小さな「できる」を着実に増やすことが、体育授業の責任でもあると思います。

その際に意識しておきたいのが「協働的な学び」です。体育授業での「協働的な学び」は、さまざまな子ども同士がかかわり合いながら資質・能力を育成することであり、"さまざまな"には「技能差」も含まれます。つまり、これまで同様に共に学び合うことを継続して大切にしていけば良いのです。

では、これらを踏まえて、具体的なポイントを3つ示します。これまでの総論と重なりますが、

① **絶対に能力別、習熟度別に分けて授業をしない！**

子どもたちに自分に合ったものを選択させたときに、苦手な子同士が集まっているので教え合いも上手くいかず、技能差は広がるばかりです。「自分に合った」は聞こえがいいのですが、結果的に技能差を助長することになります。

② **共通課題で学習を進める！**

課題は基本的に共通にします。まずは「お手伝いがあればできる」を目指します。特に器械運動領域は、この観点が大切です。お手伝いで取り組むことを前提に、共通課題で進めます。共通の課題なので、ペアやグループでのアドバイスや励まし合いが生まれやすく、知識や技能が着実に向上していきます。

③ **できる子は、できるようにさせられる子！**

「できる子は、できるようにさせられる子」という価値を大切にします。できた子をミニ先生に任命して、困っている友だちを率先して助けてほしいと声をかけます。困っていた子が、「できない→できた」に変わると「〇〇さんのお手伝いやアドバイスのおかげでできるようになった！」ということが起き、得意な子のモチベーションにつながります。

もちろん、同じ教材でも、細かなところを意識させたり、回数や時間を伸ばしたりして、自分の力を高めることも大切にしていきます。

おすすめの教具はありますか?

子どもを支える"5つ教具"

○マルチミニマット（EVERNEW）

　小マットと呼んで使っています。1年生でも簡単に運ぶことができ、時間がかかりやすい準備や片付けをスムーズに行うことができます。1枚で使うことはもちろんですが、並べてロングマットのように使ったり、重ねて跳び箱のように使ったりすることができます。しっかりすべり止めも付いているのでズレにくく安全に使うことができます。

○スマイルボール（MIKASA）

　低学年のキャッチボールも、高学年のキャッチバレーもこのボールを使います。表面がやわらかい素材で当たってもあまり痛くありません。けれども、適度な重さと弾み具合で、非常に投げやすく、打ちやすく、蹴りやすく、捕りやすいのが特徴です。使い慣れたボールを使うことで、学習したい内容にスムーズに入ることができます。ただし、空気圧には注意しましょう。空気を入れすぎると、スマイルボールのよさが減ってしまいます。

○鉄棒クルッとマスター（EVERNEW）

　鉄棒に巻いて使います。痛みの軽減や巻き込みの防止だけでなく、芯とカバーが別になっているので"まわること"を意識した教具です。破れにくく、へたりにくいのも特徴です。また、長さも選べて、身長や技に合わせて使用が可能です。鉄棒運動が劇的に変わります。

○クリアートビナワジュニア（アシックス）

　短なわとびの学習で使うとびなわです。クセのつきにくく、適度な伸びがあるのが特徴です。また、グリップもしっかりしていて低学年でも握りやすい構造になっています。

　また、長さも大切です。最初は、なわの真ん中を足で踏みグリップが胸からみぞおちの高さぐらいの長さが適当です。慣れてきたら、短くしてみても良いでしょう。

　ただし、長さを調整するときに、グリップの中でなわを結んだり、なわを折り返して収納したりはやめましょう。グリップの中でなわが回転しなくなり、長くとび続けることができなくなります。

○長なわ

　長なわの入門期から、ダブルダッチまで全てこのなわを使います。

　太さが直径1cm程度、長さは約3.5mです。材質は綿混紡で、ある程度重さがある方が扱いやすいでしょう。また、なわの端をビニールテープで巻き、結んでおくことでほつれにくくなり、持ちやすくなります。

　このなわの長さあれば、1年生でも回すことが可能ですし、ダブルダッチに取り組んだ際にも片手で回すことができます。ボールと同じように、使い慣れたものを使うことで、学習したい内容にスムーズに入ることができます。

　学校にある程度の本数があると授業がしやすいです。理想としては、4人に1本（ダブルダッチの場合は4人に2本）あると効率よく授業が進めることができます。

おわりに

「**体育＝場の設定をたくさんつくるというイメージがあり、
正直、授業をするのが苦しいと感じてしまうことがありました。**」

　これは数年前に体育の研修会後のアンケートにあった言葉です。これを読んだときに、体育の授業が好きな教師の一人として、非常に心苦しい気持ちでいっぱいでした。この言葉こそが、体育授業研究の功罪の大きさを物語っているのだと思います。いや、マイナスの面の方が大きいかもしれないとさえ思っています。それは、小学校の体育授業研究が、体育の授業に興味・関心が高い方たちの目線で語られてきたと感じているからです。そして、いつしか、そこで進められてきたものが体育授業のスタンダード、体育授業のマジョリティとなり、体育授業に対して息苦しさや苦痛を感じてしまっている先生たちを生み出していたのです。昨今、運動をする子どもとしない子どもの二極化が課題とされてきました。しかし、それ以上に深刻なのが体育授業に対して前向きな先生と前向きになれない先生との二極化が起きている現状なのではないでしょうか。

　私自身も若い頃は、さまざまに工夫を凝らし、用具・道具をたくさん使い、たくさんの時間をかけて体育授業研究を進める教師の一人でした。この経験は自分自身の教師としての力量形成に大きく影響を与えてくれましたし、多くのことを学び、自分の糧になっています。一方で、その経験をしていない先生たちに同じような授業を勧めることはできないなとジレンマを感じていたのも事実です。

　そんな想いを抱いていた頃に縁あって本校に着任し、体育授業で困っている先生たちの声をたくさん耳にするようになりました。その頃から、教師の体育授業に対する二極化を打破したいという想いが強くなりました。

　それから、多くの先生たちが体育授業を好きにならなくても、嫌いにならない、やってみようと思える効果的な体育授業を発信することを、勝手に自分自身の使命だと思ってやってきました。もちろん、その志はこれからも続いていきます。

そんな中での今回の執筆。「はじめて」シリーズのコンセプトと、私が大切にしたいことがピッタリで運命すら感じました。貴重な機会をつくってくださり、本書の作成にあたっては、前回の拙著に引き続き、太陽のような温かさと海よりも広い心と絶対に諦めない強い気持ちで支えて下さった東洋館出版社編集部の石川夏樹さんには心より感謝申し上げます。そして、本書の執筆にあたり、支えて下さったすべての方に感謝いたします。

ちなみに、本書は拙著『対話でつなぐ体育授業51』とセットでお読みいただくと、体育授業への解像度が上がり、より体育授業が楽しみになるはずですので、是非ご覧ください！　騙すつもりはありません。

さてさて、最後に個人的な話を。私が体育の道に進むきっかけは、大学時代の恩師である小澤治夫先生（静岡産業大学）でした。体格は小柄ですが、そこからは想像もできないほどのエネルギーに満ち溢れ、本当に尊敬して止まない方でした。お会いするたびに「ロゼ（あだ名）！　しっかりやっているか!?」と愛情に溢れた檄を飛ばしてくださいます。その小澤先生がこの春、49年間の教師人生に終止符を打つとのこと……。小澤先生からのたくさんの学び、教師としての生き様、**「意味のあることを、熱意をもって、上手に教える」**という言葉を胸に、"よい教師"になるために歩み続けようと思います。また、小学校時代の恩師も現役を退くとのこと…。この先生がいなかったら、今の自分はなかったと断言できるほど大きな存在でした。子どもたちはもちろん、先生たちへの誠実さと深い愛情は思い出すだけで胸が熱くなります。「教育は人なり」なんて言葉がありますが、私自身も目に見えない人との"つながり"の中で教師という道を生きているのだと感じています。誰かの人生をほんの少しでも豊かにするお手伝いができるように、今の私にできることを"一所懸命"に頑張り続けていきます。

本書もその一助になっていたなら幸せです。

筑波大学附属小学校　**齋藤直人**

カスタマーレビュー募集
本書をお読みになった感想を
下記サイトにお寄せください。
レビューいただいた方には特典がございます。

https://www.toyokan.co.jp/products/5780

LINE 公式アカウント

LINE 登録すると最新刊のご連絡を、さらに
サイトと連携するとお得な情報を定期的に
ご案内しています。

編著者紹介

＊所属は2025年2月現在

齋藤直人（さいとう なおと）

筑波大学附属小学校　教諭

1985年、山形県庄内町（旧余目町）生まれ。北海道教育大学釧路校卒（2008）。同年より千葉県市川市立行徳小学校、千葉県八千代市立勝田台小学校の教諭を経て、2014年より現職。
単著に『対話でつなぐ体育授業51』（東洋館出版社）、共著に『簡単・手軽で継続できる！　基礎感覚・技能が身につく筑波の体育授業』『できる子が圧倒的に増える！　お手伝い・補助で一緒に伸びる筑波の体育授業』『1時間に2教材を扱う組み合わせ単元でつくる　筑波の体育授業』（明治図書出版）、『子どもたちがみるみる上達する　水泳指導のコツと授業アイディア』（ナツメ社）、『写真でわかる運動と指導のポイント　マット』（大修館書店）、執筆協力に『授業が盛り上がる体育の教材・教具ベスト90』（大修館書店）他。Facebook：https://www.facebook.com/naoto.roze、X：@naoto_roze

はじめての体育

2025（令和7）年3月21日　初版第1刷発行

著　　者：	齋藤直人
発 行 者：	錦織圭之介
発 行 所：	株式会社東洋館出版社

〒101-0054 東京都千代田区神田錦町2丁目9番1号コンフォール安田ビル2階
営業部　電話 03-6778-4343　FAX 03-5281-8091
編集部　電話 03-6778-7278　FAX 03-5281-8092
振　替　00180-7-96823
URL　https://www.toyokan.co.jp

装丁・本文デザイン：mika
キャラクターイラスト：藤原なおこ
印刷・製本：藤原印刷株式会社

ISBN 978-4-491-05780-4
Printed in Japan

JCOPY 〈(社)出版者著作権管理機構 委託出版物〉

本書の無断複写は著作権法上での例外を除き禁じられています。
複写される場合は、そのつど事前に、(社)出版者著作権管理機構
（電話 03-5244-5088　FAX 03-5244-5089　e-mail: info@jcopy.or.jp）の許諾を得てください。